Rolf Börlin ist in der Schweiz aufgewachsen. Studium der Germanistik, Geschichte und Philosophie. Seit 25 Jahren lebt er mit Frau und Tochter in Deutschland. Was den Autor geprägt hat, ist die tiefe Erfahrung, dass wir Menschen in unserem Herzen vom göttlichen Bewusstsein Hilfe bekommen, wenn uns das ein Anliegen ist. Diese Erfahrung ist die Wurzel für das vorliegende Buch.

Rolf Börlin

Schluss mit dem bösen Gott

Aus der Enge in die Freiheit

Das vorliegende Buch ist sorgfältig erarbeitet worden. Dennoch erfolgen alle Angaben ohne Gewähr. Weder Autor noch Verlag können für eventuelle Nachteile oder Schäden, die aus dem im Buch gemachten praktischen Hinweisen resultieren, eine Haftung übernehmen.

© 2016 Rolf Börlin
Umschlag: Rolf Börlin
Titelbild: © nasared - Fotolia.com

Verlag: tredition GmbH, Hamburg
ISBN 978-3-7345-1161-5 (Paperback)
ISBN 978-3-7345-1162-2 (Hardcover)
ISBN 978-3-7345-1163-9 (e-Book)
Printed in Germany

Inhaltsverzeichnis

Vorwort

Die Wahrheit, um die es in diesem Buch geht, ist unpersönlich. Sie stammt nicht aus der Feder eines Autors, sondern ist und bleibt einfach die Wahrheit, unabhängig von dem, der sie zu Papier bringt oder gebracht hat.

Die Wahrheit gehört zum ewigen Bewusstsein bzw. ist das ewige Bewusstsein, das ist und bleibt in alle Ewigkeit, unabhängig von Menschen oder Seelen.

Wie wir als Mensch den Zugang zu diesem ewigen Bewusstsein finden und wie wichtig für uns Menschen der Zugang zu diesem Ur-Bewusstsein ist, das möchte ich Ihnen in diesem Buch von ganzem Herzen näher bringen.

Schluss mit dem bösen Gott

Der Weg in die Freiheit ist einfach. Es ist der bewusste Weg heraus aus der selbst geschaffenen Enge und Begrenzung mithilfe des Bewusstseins, das in uns wohnt und das wir jeden Augenblick um Hilfe und Führung bitten dürfen, hin zur Liebe, Freiheit und Leichtigkeit unseres ewigen Seins. Doch diesen erlösenden Weg versagen wir Menschen uns oft selbst, weil wir im Unterbewusstsein ein negatives Bild von Gott haben, das Bild eines herrschenden, kontrollierenden Tyrannen, mit dem nicht zu spaßen ist und der nicht hilft, sondern befiehlt, knechtet, verbietet, drückt, straft, prüft, schimpft, donnert, uns Liebgewonnenes wegnimmt, vor dem wir Angst haben und der mit uns Sündern nichts zu tun haben will.

Wie kommt das?

Der liebe böse Gott

Jeder redet vom „lieben Gott", fast jeder aber glaubt im Unterbewusstsein an den „bösen Gott", den „strafenden Gott", den „zürnenden Gott", den „autoritären Gott", ja oft an einen furchtbaren Moloch, der uns drohend und Angst einflößend im Nacken sitzt.

Dieses autoritäre Bild von Gott als Herrscher von Moral und Gesetz benutzten immer wieder die religiösen Führer seit Jahrtausenden, um Menschen zu unterdrücken. Gott wird, auch bei uns im Christentum, die Funktion gegeben, ständig darüber zu wachen, ob wir Menschen uns auch wirklich nach den Gesetzen, Geboten und Verboten richten. Ungehorsam wird zur Sünde erklärt und bestraft.

Gott ist somit auf der Gefühlsebene kein Gegenüber, mit dem wir warm werden können, mit dem wir gerne zusammen sind, mit dem wir uns gerne austauschen oder den wir um Hilfe bitten möchten. Gott als der alles sehende, penible, kritische, absolute Aufpasser, der die Sünder = Ungehorsamen bestraft – auch über dieses Leben hinaus (z.B. Höllendrohung), wird somit zur Angst einflößenden, bedrohlichen Autorität, mit der wir möglichst nichts zu tun haben wollen. Darum sind wir ganz froh, keinen persönlichen Kontakt mit ihm haben zu müssen und die direkte Beziehung lieber Mittlern zu überlassen.

Wir wollen auch über diesen gefährlichen Gott nicht nachdenken oder sprechen, denn wir wissen ja doch nicht, was für möglicherweise unliebsame Konsequenzen das haben könnte. Und wir sind froh über ein materielles Weltbild, das uns von der religiösen Tyrannei erlöst hat.

Die meisten Menschen glauben, wenn man sie fragt, dass es eine höhere Macht, eine höhere Intelligenz, ein höheres Bewusstsein, einen großen Geist, eben Gott, hinter den Dingen gibt. Das bedrohliche, autoritäre Gottesbild verhindert aber seit Jahrtausenden erfolgreich, dass jeder einzelne Mensch eine eigene, tiefe, innere Gottesbeziehung aufbaut und von innen her aus dem eigenen göttlichen Selbst heraus vollverantwortlich denkt, fühlt und handelt!

Es ist Zeit, mit diesem irrealen Gottesbild, mit dem „bösen, drohenden Gott" Schluss zu machen, uns von dieser Vorstellung zu lösen und offen zu werden für die große, unbeschreibliche Intelligenz, die wir hinter allen Dingen der Natur staunend beobachten können.

Es ist Zeit, dass wir alle mit diesem falschen Gottesbild Schluss machen und uns von ihm befreien! Es ist Zeit, dass wir uns religiös emanzipieren und unsere Beziehung zu Gott nicht mehr Mittlern überlassen, sondern sie selbst in die Hand nehmen und in uns die Wahrheit finden. Das will der wahre „liebe Gott", der Gott der Liebe in unserem Herzen, der die Urkraft und das Licht, das ewige Bewusstsein in uns allen ist!

Die große Intelligenz, der große Geist, der in allem ist und alles durchdringt, bespitzelt nicht, er kennt keine Wertungen, kennt keine Strafen und kein Verurteilen. Er lässt uns die Freiheit und will nichts erzwingen. Sein Wesen ist Liebe, und jedes Gefühl und jeder Gedanke aus ihm ist Energie, Kraft, Licht und unendliche Weite und Unbegrenztheit! In ihm allein finden wir unser wahres Sein, unser wahres Selbst!

Gespräche mit Gott[1]

Der Amerikaner Neale Donald Walsch war ein erfolgreicher Journalist und Verleger, war Programmdirektor eines Rundfunksenders, Pressesprecher und Gründer einer erfolgreichen Werbe- und Marketingfirma. Anfang der 90er Jahre des letzten Jahrhunderts aber geriet sein Leben durcheinander. Ein Feuer zerstörte alles, was er besaß, seine Ehe zerbrach, er erlitt einen schweren Autounfall und er wurde obdachlos. In der größten Not verfasste er einen wütenden Brief an Gott, der ihm, wie Walsch schreibt, tatsächlich antwortete.

Wenn Sie wissen wollen, was Gott zu Walsch gesagt hat, sollten Sie seine Bücher lesen. Wenn Sie aber wissen wollen, was Gott zu Ihnen sagt, dann sollten Sie Gott selber fragen. Denn das ist eigentlich die Grundbotschaft von Walschs Büchern: Gott spricht zu jedem Menschen. Er ist kein schweigender, weit entfernter, irgendwo thronender, fremder Gott, sondern er wohnt in uns selbst. Er ist Bewusstsein! Darum spricht er zu uns allen! Wir müssen nur auf Empfang gehen. Es ist wie beim Radiogerät oder beim Fernseher. Wir können einen Sender nur hören oder sehen, wenn wir seine Frequenz einstellen. Und das müssen wir wollen und tun, sonst passiert nichts.

Wie hören wir Gott? Nicht mit dem Kopf, sondern mit dem Herzen. Wie hat es bei Walsch angefangen? Mit Fragen! Und mit der Grundehrlichkeit, in die ihn die unangenehme Lebenssituation getrieben hat.

Wir müssen nicht warten, bis auch wir alles verloren haben und völlig mittellos da stehen oder bis ein anderer Schicksalsschlag uns rüttelt, bis wir anfangen, Kontakt mit Gott aufzunehmen. Wer will, kann gleich damit beginnen! Gott wünscht sich nichts mehr!

Wer soll uns unsere tiefsten Fragen beantworten können als das Leben selbst. Wer sucht, der findet, heißt es bekanntlich. Wer fragt, bekommt eine Antwort. Nur kaum einer fragt. Kaum einer glaubt, dass Gott mit ihm spricht.

Dabei ist es eigentlich für uns Menschen gar nicht schwer, die Gottesfrequenz einzustellen, weil wir im Kern Kinder Gottes sind. Wer grundehrlich, ja wahrhaftig ist - das ist das Geheimnis - der schwingt automatisch auf der Gottesfrequenz und kann den Lebensstrom, der Gott ist, empfangen. Begleitet sind die tiefen Erkenntnisse, die man so empfangen kann, von einem tiefen Empfinden der Ruhe, der Freiheit, der Geborgenheit, der Lebendigkeit und der Freude.

Der innere Kritiker

Die meisten Menschen haben einen furchtbar bösen, lieblosen Kritiker in sich, der sie ständig abwertet und schlecht macht und an allem nörgelt. Nichts ist recht, alles ist falsch, was man auch tut, der Daumen zeigt nach unten.

Sind wir Menschen energiearm, lustlos, freudlos, vielleicht sogar hoffnungslos oder ausgebrannt, dann können wir sicher sein, unser innerer Kritiker ist am Werk. Den meisten

Menschen ist dies nicht bewusst, weil sie nicht auf ihre Gedanken achten. Wer sich aber bewusst macht, welche Gedanken er während eines so energiearmen Zustandes hat, stößt auf den inneren Nörgler, Abwerter, Fertigmacher: Du machst alles falsch. Du hast alles falsch gemacht. Du bist an allem Schuld. Du bist schuldig. Aus Dir wird nichts. Das wird nicht besser. Mach Dir keine Hoffnungen. Du schaffst es nicht. Du bist ein Versager. Dich kann man nicht brauchen. Das endet böse. Du wirst nie Erfolg haben. Du hast Dich lächerlich gemacht. Alle lachen über Dich. Wozu bist Du nütze? Wem nützt Du schon? So und ähnlich sind die Entmutigungen des inneren Kritikers.

Wer ist dieser Kritiker in uns?
Wir selbst = der böse Gott = unser Ego!

Achten wir doch einmal darauf, worüber wir Menschen uns im Alltag unterhalten. Freuen wir uns an den guten Eigenschaften unserer Mitmenschen? Oder ärgern wir uns eher über ihre Fehlhaltungen? Verstehen wir sie in ihrem Sosein oder verurteilen wir sie? Denken wir liebevoll über sie oder streng? Verstehen wir ihre Lebensart und ihre Entscheidungen oder finden wir sie daneben, unpassend und unangenehm? Unterstützen wir gedanklich und gefühlsmäßig unsere Mitmenschen oder ist uns die Kritik näher? Machen wir ihnen Mut oder zeigen wir Skepsis? Sind wir dankbar für die Leistungen unserer Mitmenschen oder nehmen wir sie als selbstverständlich oder denken gar, sie dürften noch mehr tun? Womit füllen unsere Medien die Schlagzeilen? Worüber wird berichtet? Wieviel ist Kritik und Verriss? Wieviel ist destruktiv, Angst machend? Was lesen oder sehen wir gerne? Was reizt uns? Was geben wir an „Neuheiten" weiter?

Wenn ein Mensch sich nicht bewusst im „positiven" Denken übt, wenn er nicht bewusst Dankbarkeit und Wohlwollen pflegt, dann ist ihm meist spontan die „negative" Denkweise näher. Gedanken sind Energien und immer wieder gedachte Gedanken werden zu einem Gedanken-Energiefeld, das immer und immer wieder auf den Verursacher, auf den Schöpfer dieses Energiefeldes einwirkt nach dem Prinzip von Ursache und Wirkung. Es sind mächtige, über Jahrtausende aufgebaute negative, individuelle und kollektive Gedanken-Energiefelder, die noch heute das Denken und die Gefühle von uns Menschen beeinflussen und bestimmen wollen. Ein Blick in die Geschichte lässt uns verstehen, wie sie entstehen konnten.

Jetzt aber, und zwar immer im Jetzt, haben wir die Chance, uns durch Bewusstheit und Erkenntnis neu zu orientieren und uns von den negativen Energiekomplexen der Vergangenheit, dem Kritiker in uns, zu lösen. Zumindest helfen uns die negativen Energiefelder, umso mehr das Positive und Liebevolle zu achten, zu lieben und wertzuschätzen.

Was kann der Einzelne tun, um sich vom strengen, inneren Kritiker zu lösen, um die Führung und die Geborgenheit und Leichtigkeit des gütigen, liebevollen inneren Mutmachers zu finden?

Liebe ist das Stichwort, denn Liebe ist unser tiefstes Wesen und Liebe ist das göttliche Bewusstsein. Eine völlige Überforderung aber ist es, wenn wir damit beginnen wollen, alle Menschen selbstlos zu lieben. Da ist das Scheitern vorprogrammiert. Enttäuschung, Hoffnungslosigkeit und Härte stehen vor der Tür.

Bevor wir alle anderen lieben wollen, sollten wir damit beginnen, den zu lieben, der uns am Nächsten steht, nämlich uns selbst. Wer Selbstliebe übt, lernt wie von selbst auch andere zu lieben. Je mehr wir uns selbst in unserem Sosein verstehen, annehmen und lieben lernen, desto mehr verstehen und lieben wir auch die anderen, denen es gleich oder ähnlich geht. Je liebevoller wir zu uns selbst sind, desto liebevoller sind wir automatisch auch zu anderen. So einfach ist das!

Doch damit wir aus den Fängen des mit allen Wassern gewaschenen inneren Kritikers (=des bösen Gottes, =des Egos) wirklich herausfinden, sollten wir höhere Hilfe annehmen. Um nicht immer und immer wieder Opfer der selbst geschaffenen und von den meisten Menschen ständig mit neuer Energie gespeisten Ego-Energiefelder zu werden, brauchen wir die Hilfe des göttlichen Bewusstseins, das über allen diesen Ego-Energiefeldern steht. Dieses göttliche Bewusstsein, das wir in unserem Herzen finden, kann uns aber nur helfen, wenn wir das auch wollen, wenn wir bewusst seine Hilfe erbitten. Denn der freie Wille ist ihm heilig!

Keine Angst vor Gott

Oft tritt der innere Kritiker so bestimmt und absolut auf, als wäre er die höchste und nicht mehr zu hinterfragende Urmacht des Kosmos selbst, und wird somit zum „bösen Gott". Um seine Ziele zu erreichen und um Konkurrenten auszuschalten, sind ihm häufig viele Mittel recht, auch Gewalt. Die Palette der psychischen und physischen Gewalt geht je nach Möglichkeit und Ausprägung von Drohungen über Verurteilungen, Täuschungen, Tricks, Intrigen, moralischem Zeigefinger, Belehrungen, Beschimpfungen bis zu handfesten Auseinandersetzungen und dem Einsatz von Waffen, Mord- und Todschlag – und sogar Krieg. So ist der „böse Gott" entstanden, vor dem sich im Unterbewusstsein so viele Menschen fürchten, ein Moloch, der uns im Nacken sitzt, den es aber nicht wirklich gibt!

Einschüchterungen und Drohungen kommen nie von Gott! Denn Gott ist das allumfassende Bewusstsein der Güte und Liebe und kein Machthaber. Gott droht weder mit Strafen noch mit Waffen, und er weist niemandem Schuld zu.

Darum müssen wir nie Angst vor Gott haben. Bedrohlich ist immer nur das Ego. Gott bringt uns nie Unheil, nie Strafe, nie Elend, nie Kummer, Not und Sorgen, sondern immer nur Befreiung, Einsicht, Erkenntnis, Erlösung, Leichtigkeit, Hoffnung, Mut, Kraft, Zuversicht... Alles andere sind bloß unsere Projektionen.

Glücklich und frei ist, wer mehr und mehr diese unerschöpfliche, kosmische Lebensquelle in sich findet und erschließt.

Dürfen statt Müssen

Wenn ich etwas tue, was ich vom Herzen her eigentlich gar nicht möchte, dann lasse ich mich leben und bekomme dafür keine Energie aus meinem Inneren. Hinter den Zwängen, die mich dann leben, stecken Erwartungen, Abhängigkeiten, Verurteilungen, Wertungen, religiöse oder fixe Vorstellungen...

Es lohnt sich, für sich selbst immer wieder zu prüfen: Was tue ich, weil ich es selbst will, und was, weil ich es muss oder zu müssen glaube oder einfach unbewusst tue, weil man das halt so tut, weil ich das schon immer so getan habe und weil das alle so tun? Mit welchen Gedanken, Gefühlen und Taten möchte ich mich von Herzen identifizieren, und mit welchen nicht? Und wie halte ich es effektiv? Was muss ich von dem, was ich zu müssen glaube, wirklich machen, wirklich denken, wirklich fühlen? Wo und wie könnte ich umdenken, anders denken, Erwartungen durchbrechen, Altes loslassen, Neuem Platz schaffen...? Wo könnte ich in meinem Leben etwas ändern, um mehr und mehr mich selbst zu sein?

Man muss ja nicht unbedingt gleich sein ganzes Leben auf den Kopf stellen wollen. Aber Ansätze finden, bei denen man konkret beginnen kann, was ändern kann, umdenken kann. Eine solche Bewegung bewirkt sehr viel Gutes im Leben – und macht frei!

Beachten Sie auch: Manchmal möchte man eigentlich genau das tun, was man muss, nur möchte man es nicht müssen, sondern dürfen. Da sind Abhängigkeiten im Spiel, die es zu lösen gilt.

Erfüll Dir selbst den Wunsch nach Liebe

Wenn wir Menschen uns tief hinterfragen, warum wir etwas tun, kommen wir sehr oft zum Schluss, um geliebt zu werden. Warum ist das so oft der Beweggrund unseres Handelns? Weil uns die Liebe fehlt. Weil wir uns nicht angenommen, verstanden und ernst genommen fühlen. Und warum ist das so? Weil in den unaufhörlichen Ego-Kämpfen der Menschen die Liebe untergeht. Wem können wir es schon recht machen? Und wer kann es uns recht machen? Wie leicht sehen wir in anderen Menschen etwas Negatives, etwas, was uns nicht passt, was wir daneben finden. Und wie schwer fällt es uns oft, in einem anderen Menschen etwas Positives zu sehen.

Auch schon als Kind haben wir erlebt, dass wir es den Eltern, dem Pfarrer oder dem Lehrer nicht recht gemacht haben. Dass sie uns bestrafen mussten, weil wir so ungehorsam oder daneben waren. Und ein braves, liebes Kind waren wir dann, wenn wir brav gehorcht haben. In der Schweiz sagt man dafür, wenn man „gefolgt" hat. Das drückt aus, wie es ist: Man ist brav, wenn man den Erwachsenen (nach)folgt, wenn man das tut, was sie von einem wollen, was sie von einem verlangen, und nicht, wenn man einfach nur ist, wie man ist. Man muss also ständig aufmerksam horchen, was sie von einem wollen, um dann ihnen zu ge-horchen.

Wenn wir als Kind das Grundbedürfnis unserer Seele nach Liebe erfüllt haben wollten, mussten wir uns verstellen, mussten tun, was die Erwachsenen erwarteten. Mussten wir in der Schule still und artig die Schulbank drücken und fleißig lernen, was die Erwachsenen wollten. Das wurde dann auch geprüft und bewertet. Dadurch verlernten wir zu sein und lernten zu scheinen. Das zu tun, wofür man Akzeptanz bekommt. Und das alles geben wir dann als Erwachsener weiter...

Was ist der Ausweg? Bewusst zu leben. Sich selbst zu finden. Sich selbst, so wie man ist, kennen zu lernen und zu verstehen und zu lieben. Sich selbst, so wie man ist, anzunehmen und zu akzeptieren. Gefühle zulassen, ja zu sagen. Sich selbst der beste Freund, die beste Freundin zu werden. Sich selbst der beste Vater, die beste Mutter zu werden. Je mehr man sich selbst lieben lernt, desto mehr kann man dann auch andere Menschen lieben. Je mehr man positiv von sich selbst denken lernt, desto positiver denkt man dann auch von anderen Menschen.

Damit dieser innere Weg zurück zur Liebe auch wirklich gelingt, helfen uns, so wir wollen, unzählige Engel und die Ur-Liebe selbst, die in jedem von uns wohnt und nur wieder entdeckt werden will.

Der Schleier der Täuschung

Viele Menschen können nicht glauben, dass wir, wie es uns viele geistige Lehren berichten, hier als Mensch auf der Erde wie unter einem Schleier der Täuschung leben und das wahre, geistige, kosmische Leben in unserem inneren Zentrum hinter dem Schleier zu finden ist. In diesem Sinne ist das materielle Erdenleben, wie wir es als Mensch erleben, mit vielem Unschönen, Brutalen, Unvollkommenen, gar nicht Gottes Schöpfung, sondern eine selbst geschaffene Illusion.

Der Sinn unseres Erdenlebens ist es, das wahre Leben hinter dem Schleier zu finden.

Wie schon gesagt, vielen Menschen fällt es schwer, so etwas zu glauben, und sie können sich nicht vorstellen und schon gar nicht erklären, warum es so einen Schleier geben soll, warum der Schöpfer so etwas Absurdes schaffen oder zulassen soll. Hier ein paar unterschiedliche Ansätze, die vielleicht dem einen oder anderen kritischen Menschen den Sachverhalt näher bringen können:

Die große Illusion

Dass Menschen in Hypnose aus der Sicht der „Normalen"
seltsame Dinge tun, haben Sie sicher auch schon gehört
oder sogar gesehen. Hypnotisierte beißen genüsslich in eine
Zwiebel, weil der Hypnotiseur ihnen gesagt hat, es sei ein
Apfel, und die Zwiebel schmeckt ihnen gut und süß.

Talbot[2] erzählt in seinem Buch „Das holographische Universum", wie ein Hypnotiseur einem Mann suggeriert, dass er,
wieder im Wachzustand, nicht in der Lage sei, seine Tochter
zu sehen, bevor er nicht mit seinem Finger schnippe. Die
Tochter steht direkt vor ihrem Vater, und dieser sieht sie
nicht. Seine Tochter lacht und der Vater hört es nicht. Der
Hypnotiseur stellt sich hinter sie und hält seine Hand in
Höhe ihrer Nieren. Er fragt den Vater, ob er sehen könne,
was er in der Hand halte. „Aber natürlich", erwidert dieser,
„eine Uhr". Und er kann sogar durch den Körper der Tochter
hindurch die Inschrift darauf lesen! Wie ist das möglich?

Unser Hirn nimmt nicht die vermeintlichen dreidimensiona-
len Bilder wahr, die wir Realität nennen und außerhalb von
uns einordnen, sondern nur Schwingungen, nur Wellen, die
es dann in eine 3-D-Realität umwandelt. Wie die Realität
wirklich ist, die wir um uns herum wahrzunehmen glauben,
wissen wir im Grunde genommen nicht.

Wie das Hypnose-Experiment zeigt, bestimmen ganz offensichtlich unsere Glaubenssätze – man könnte auch sagen: unsere Programmierung, was wir sehen und was nicht! Wenn der Hypnotisierte fest daran glaubt, seine Tochter nicht zu sehen, so zeigt ihm sein Gehirn nur das, was er sehen will!

Das erklärt, warum es Menschen gibt, die Dinge wahrnehmen, die anderen verborgen sind: z.b. Geister, Engel, Verstorbene, Auren, Energiefelder, innere Bilder usw. Sie glauben einfach daran, und somit haben sie auch einen Zugang dazu.

Dass es so etwas wie das „Normale" gibt, was vermeintlich alle als Realität sehen, liegt einfach an kollektiven Glaubenssätzen, die die „Normalen" für wahr halten. Wer nicht ganz konform schwingt, kann dann z.B. plötzlich Töne sehen oder Bilder schmecken oder numerisch wahrnehmen. Einmal „ver-rückt", sind außergewöhnliche Fähigkeiten möglich!

Eine andere interessante Frage ist, wie kollektive Glaubenssätze zustande kommen. Es könnte ja auch „normal" sein, dass wir z.B. alle Engel sehen und an deren Hilfe glauben, statt z.B. an die Hilfe chemischer Pillen! Darüber einmal nachzudenken, ist interessant!

Was ist wirklich wahr? Letztlich nur das Bewusstsein! Was ist uns bewusst und was nicht? Was nehmen wir bewusst wahr und was nicht? Das entscheidet jeder selbst!

Parallelwelten

Wir alle haben schon Parallelwelten erlebt: im Traum. „Das sind halt eben nur Träume", denken wir, „Hirngespinste, Vorstellungswelten, aber nicht real."

Solange wir träumen, erleben wir die Traumwelt aber als real und kommen im Normalfall nicht auf die Idee, dass wir nur träumen. Erst, wenn wir aufwachen, erscheint uns das Erlebte bloß als ein Traum. In den Traumwelten gibt es Häuser, Bahnhöfe, Züge, Schienen, Autos, Flugzeuge, Straßenbahnen, Schiffe, auch Landschaften, Gewässer, Pflanzen, Berge, andere Menschen, mit denen wir uns unterhalten, auch Tiere und andere Wesen, da freuen wir uns oder haben furchtbare Angst, wir genießen oder leiden, da können wir vielleicht fliegen, rennen, auch abstürzen oder verunfallen, die Traum-Gegenstände oder -Landschaften oder -Wesen können sehr schön, aber auch hässlich oder gar eklig oder furchtbar gefährlich sein usw. Die Traumwelten sind im Traum so real, dass sie in uns starke Gefühle auslösen können.

„Aber halt", sagen Sie jetzt vielleicht, „im Traum, da sind es die Gefühle und Gedanken, welche die Traumwelten erzeugen. Wir erleben dort unsere Gefühle als Bilder, symbolisch, eben als Traumwelten."

Und wie ist es in dieser Welt? „Da ist es anders", denken wir. „Da löst diese reale Welt und die Situationen, die wir in ihr erleben, in uns Gefühle und Emotionen aus. Ja, diese Welt ist es, welche die Gefühle erzeugt, im Gehirn, auch das Bewusstsein wird dort erzeugt."

Woher wissen wir das eigentlich so sicher? Wie ist es denn, wenn jemand in Hypnose genüsslich in eine Zwiebel beißt, weil er denkt, es ist ein Apfel. Und die Zwiebel schmeckt ihm angenehm und süß, bis der Hypnotiseur mit den Fingern schnalzt und ihn damit aus der Hypnose herausholt.

Solange ich träume, weiß ich auch ganz sicher, dass diese Schlange, welche plötzlich vor mir auftaucht, mir sehr gefährlich werden kann, ja eine furchtbare Bedrohung ist,

mich töten könnte. Darum habe ich ja so eine große pani-
sche Angst vor ihr. Erst wenn ich aufwache, denke ich, ich
fürchte mich so vor Schlangen, dass ich von ihnen träume.
Und Psychologen sagen: Schlangen sind ein Symbol für....
Und wie ist das, wenn uns im Traum ein Psychologe sagt:
Eine Schlange ist ein Symbol für...

Und warum sind eigentlich für uns Vorstellungswelten, wie
beispielsweise die Traumwelten, weniger real als diese
Welt? Wäre diese Welt denn weniger real, wenn auch hier
die Vorstellung, also unsere Gedanken und Gefühle, der
Erzeuger dieser Welt wäre? Wer gibt uns die Gewissheit,
dass wir nicht plötzlich aufwachen wie aus einem Traum?
Vielleicht haben Sie auch schon erlebt, dass Sie weiterträu-
mend im Traum plötzlich aufgewacht sind, plötzlich wissend,
dass Sie jetzt träumen. Sie leben noch eine Zeitlang wach in
dieser Traumwelt weiter, bis Sie dann hier in unserer Welt
nochmals aufwachen.

Ein renommierter amerikanischer Neurochirurg und Gehirn-
spezialist war sich aufgrund seiner wissenschaftlichen Tätig-
keit sicher, dass Bewusstsein nur ein Produkt unseres Gehirns ist, bis eine schwere Gehirnkrankheit ihm etwas anderes gezeigt hat:

Dr. med. Eben Alexander: Blick in die Ewigkeit[3]

Eben Alexander lag mit einer sehr seltenen, meist tödlich verlaufenden Gehirnkrankheit sieben Tage im Koma. Das ist viel zu lang, um noch Hoffnung zu haben: Die Ärzte hatten ihn aufgegeben. Das Gehirn arbeitete während dieser Zeit im Koma nicht nur unzureichend, sondern überhaupt nicht. Der Teil des Gehirns, der nach wissenschaftlichen Erkenntnissen für Bewusstsein verantwortlich ist, war am Ende.

Und dennoch lebt Eben Alexander und ist während seiner Zeit im Koma bei Bewusstsein in einem, wie er selber schreibt „Universum, das vor allem von Liebe, Bewusstheit und Realität geprägt" [4] ist.

Und schließlich kehrt er unerwartet in das irdische Leben zurück und wird wie ein Wunder wieder physisch und geistig gesund. Und all das passiert ausgerechnet einem streng wissenschaftsgläubigen, international renommierten Neurochirurgen und Gehirnspezialisten, für dessen Weltbild – fundiert auf wissenschaftlichen Erkenntnissen – es Bewusstsein ohne Hirn nicht geben kann.

Wenn er im Nachhinein sein ihn tief prägendes Nahtoderlebnis nach streng wissenschaftlichen Kriterien überprüft, gibt es für ihn nur einen Schluss: Es gibt Bewusstsein ohne unser Hirn und es gibt ein Leben nach dem Tod. Wir alle sind Teil eines universalen, unsterblichen Bewusstseins.

Wir sind geistige Wesen

Möchten Sie gerne zaubern können? Sie können es. Wahrscheinlich haben Sie es nur vergessen. Warum übt Harry Potter so eine unglaubliche Faszination auf viele Menschen aus? Weil die Zauberwelt uns näher ist, als wir denken.

Stellen Sie sich Zauberer vor. Mit ihren Gefühlen und Gedanken erschaffen sie ständig die Welt (die Bilderwelt), in der sie leben. Das geht gut, weil sie miteinander eine große Einheit bilden. Sie zaubern und schöpfen miteinander und immer füreinander.

Und nun stellen Sie sich vor, die Zauberer sind sich uneins. Während der eine Zauberer möchte, dass der Ball nach links rollt, will der andere gleichzeitig, dass er nach rechts rollt, und ein dritter möchte, dass der Ball hüpft. Was soll der arme Ball nun machen? Nach links rollen? Oder nach rechts rollen? Oder hüpfen? Oder zuerst nach links rollen und dann nach rechts rollen und schließlich noch hüpfen?

Die Welt der Zauberer erstarrt! Denn sie sind sich nicht nur mit dem Ball uneins, sondern auch mit allem anderen. Ein Machtkampf zwischen den Zauberern entbrennt – zwangsweise – denn der Ball gehorcht jeweils dem, der sich durchsetzt.

Und jetzt stellen Sie sich die gleiche Zauberwelt nicht bloß mit wenigen Zauberern vor, sondern mit Milliarden... Willkommen in der Menschenwelt – im ganz normalen Wahnsinn!

Das Ego, ein Wahn-Sinn

Wir Menschen-Zauberer machen uns gegenseitig das Leben schwer, weil wir uneins sind und unsere schöpferischen Kräfte, die Gedanken und Gefühle, gegeneinander statt für- und miteinander einsetzen.

Ein hinduistischer Mythos erzählt, dass unser Ich-Bewusstsein zuerst eine Welle war, die sich entschloss, den Ozean des Bewusstseins zu verlassen und schließlich vergaß, dass sie Teil des riesigen Ozeans war, und sie fühlte sich isoliert und abgeschnitten. Die Illusion der Trennung, das Ego, entstand.

Dieser hinduistische Mythos entspricht der abendländisch-christlichen Vorstellung vom geistigen Fall einiger Engel vom Himmel in die Hölle. Das Christentum nennt den Rädelsführer dieser gefallenen Engel Luzifer oder auch Satan oder Teufel. Die fortlaufende Trennung von Gott hat bei den gefallenen Geistwesen zu einer immer stärkeren Bewusstseinseinschränkung geführt, zum menschlichen Ich, zu dunklen, belasteten Seelen, auch zu Dämonen, und zu dieser verdichteten Welt, wie wir sie hier auf der Erde erleben. Der Grund für den Fall war Hochmut, das Sein-Wollen wie Gott.[5]

Nach christlichen Vorstellungen haben die Menschen das Paradies auch verlassen, weil sie vom Baum der Erkenntnis des Guten und des Bösen, also vom Baum der Polarität gegessen haben.

Manche Religionen sprechen sinngemäß von einem Schleier der Täuschung (hinduistischer Begriff: Maya), in dem wir Menschen uns befinden. Nach Buddha erzeugt der menschliche Geist Duhkha, was Leiden, Qual, Unzufriedenheit bedeutet.

Auch der antike Philosoph Platon glaubte, wie sein Höhlen-gleichnis veranschaulicht, dass uns erst nach dem Tod die wahre Welt erwartet und das ganze irdische Leben nur eine Vorbereitung darauf ist.

Die Schöpfung besteht aus Bewusstsein und den Bildern, in denen sich das Bewusstsein ausdrückt. Mit der Sprache der Computerwelt sagt David Icke: „Die Schöpfung besteht aus Virtual-Reality-Welten und Bewusstsein."[6] Diese Virtual-Reality-Welten, die eigentlich als „Spielwiese für das Be-wusstsein"[5], wie es David Icke originell ausdrückt, gedacht waren, werden durch die Bewusstseinseinschränkung zu einem Wahrnehmungsgefängnis. In diesem Wahrneh-mungsgefängnis befinden wir uns als Menschen!

Während wir von unserer wahren Natur her eigentlich un-endlich freie Kinder des ewigen Bewusstseins wären (Kinder Gottes), sind wir Gefangene unserer eigenen Vorstellung. Der tiefste Sinn unseres Erdenlebens ist es darum, dieses Ego-Gefängnis mit seinen dauernden Kämpfen, Kriegen, Ängsten, unerfüllten Wünschen, Nöten, Leiden... als solches zu erkennen und zu verstehen, dass das Ego nicht unsere Erfüllung ist, sondern ein Wahn-Sinn! Wahre Erfüllung fin-den wir nur, wenn wir uns wieder dem Ur-Bewusstsein von ganzem Herzen zuwenden.

Wir sind von unserem wahren Wesen her eins mit dem unendlichen Ozean des Bewusstseins, doch sobald wir uns allein mit unserem Körpercomputer identifizieren, entspricht unsere Selbstwahrnehmung der eines abgespaltenen Tropfens, der eines machtlosen, kleinen Ichs.

Zurück zum Bewusstsein

Die Schöpfung besteht aus Bewusstsein und den holographischen Formen und Bildern, mit denen sich das Bewusstsein ausdrückt. Das ewig reine, allumfassende Bewusstsein, das Urbewusstsein, nenne ich Gott.

Die Menschen und Seelen sind im Kern Kinder Gottes. Sie haben jedoch aus freiem Willen die Einheit mit dem Urbewusstsein verlassen, um eigenwillig ihre eigenen Formen und Bilder zu schaffen. Durch die Trennung vom Ganzen und die dadurch entstandene Uneinigkeit ist es passiert, dass sie – zauberlehrlingsgleich – die Kontrolle über die selbst geschaffenen Bilder verloren haben und Opfer ihrer eigenen Vorstellungen wurden. Nicht mehr sie bestimmen ihre Bilder, sondern ihre Bilder bestimmen sie! Und so ist

die Ausdrucksform ihres Bewusstseins zu ihrem Wahrneh-
mungsgefängnis geworden!

Leider nehmen wir Menschen die Chance, das selbst geschaffene Wahrnehmungsgefängnis schnell wieder zu verlassen, kaum wahr. Und die erwachenden Menschen, durch
die das göttliche Bewusstsein helfen und aufklären möchte,
werden oft belächelt oder gar attackiert. Stattdessen wird
der Intellekt, das Machtinstrument dieser Welt, überdimen-
sioniert gepriesen – ebenso wie einengende, Angst machende Religionen, Vorstellungen und Philosophien, welche das
befreiende Bewusstsein überdecken.

Was ist der Ausweg für den einzelnen? Sich selbst auf die
Suche zu begeben. Wie heißt es doch: Wer sucht, der findet. Das Gottesbewusstsein und unsere Schutzengel helfen
jedem, der das will.

Unser Leben – ein Traum

Noch einmal anders ausgedrückt: Unsere materielle Erden-
welt ist wie ein Traum, den wir gemeinsam träumen, ähnlich
wie unsere Nachtträume und unsere Tagträume, nur ver-
dichteter.

Nun gibt es bekanntlich lichte und dunkle Träume, bisweilen gar Albträume. Wie kommt das?

Der Traum bzw. die Traumbilder und Traumgefühle sind das natürliche Ausdrucksmittel des Bewusstseins. Ein Traum ist darum nicht bloß ein Traum, sondern unsere Lebenswelt, denn unser Selbst ist das träumende Bewusstsein.

Durch die eigenwilligen Traum- oder auch Weltenschöpfer entstehen zwei Weltensphären: die Ur-Sphäre, in der das göttliche, vollkommene Bewusstsein und somit die All-Einheit die Traum bzw. Bilder schöpfende Kraft ist, und die Ego-Sphäre, in der es keine All-Einheit gibt und in der die eigenwilligen Traumschöpfer, die Egos, bei der Traumerzeugung konkurrieren, ja sich bekämpfen und um die Vorherrschaft buhlen. So entstehen die chaotischen, absurden, unklaren, aggressiven, oft leid- und schmerzvollen Tag-, Nacht- und Erdenträume, die nichts mehr mit der Traum-Schöpfung des ewig reinen göttlichen Bewusstseins zu tun haben.

Träumen, bzw. erleben wir eigenwillige Welten, was wir hier auf Erden alle tun, so sind wir von den eigenwilligen Traum-Schöpferquellen und somit von unserem Ego-Selbst beeinflusst. Soweit die göttliche Urquelle, das göttliche Bewusstsein, unser Leben bestimmt, so weit sind wir mit unserem wahren Selbst, dem Kind Gottes, verbunden.

Als Mensch haben wir jeden Augenblick die Möglichkeit, uns für unser Ego-Selbst oder für unser göttliches, wahres Selbst zu entscheiden. Das Ego-Selbst, das sich uns hier in unserem gemeinsamen Erdentraum aufdrängt, macht uns zu einem Kind der Egowelten, das wahre Selbst zu einem Kind des ewigen Urbewusstseins. Als Ego-Selbst träumen wir unsere engen Egoträume mit all den Macht- und Leidenskämpfen. Als göttliches Selbst finden wir wieder die Verbindung zur ewigen Leichtigkeit des Seins.

Das Schöne ist: Unser wahres, göttliches Selbst können wir dank der erlösenden Urquelle hinter dem Schleier in unserem Herzen nie wirklich verlieren. Wir sind es wieder, sobald wir es nur sein wollen. Die Egoquellen werden dann immer unbedeutender, und die ewige Lebensquelle immer wichtiger. Letztere ist die Quelle, von der Jesus gesagt hat, dass sie den Durst auf ewig stille.

Wir sind Teil eines gigantischen geistigen Netzwerkes

Die meisten Menschen erachten einen Austausch zwischen Menschen für unmöglich, wenn der äußere Bezug über die fünf Sinne fehlt. Sind zwei Menschen räumlich getrennt, dann können sie sich höchstens noch übers Telefon, über Funk, über das Internet usw. verständigen, ist die Sichtweise. Andererseits haben viele schon die Erfahrung gemacht: Ich bin hier, er dort, und trotzdem spüre ich, es geht ihm gut oder es geht ihm nicht gut. Eine Mutter spürt plötzlich instinktiv, sie muss nach dem Kind schauen, es braucht ihre Hilfe. Ein rein gefühlsmäßiger, innerer Austausch hat stattgefunden.

Einer ruft den anderen an, und der sagt: „Gerade eben habe ich an dich gedacht." Über die Gedanken hat ein Austausch stattgefunden.

Je mehr ein Mensch auf solche Dinge achtet und je sensibler er wird, desto mehr erfasst er, dass weit über die fünf äußeren Sinne hinaus über die Gedanken- und Gefühlswelt eine Kommunikation stattfindet. Eine Kommunikation nicht nur von Mensch zu Mensch, sondern auch von Mensch zu Tier, von Mensch zu Pflanze, auch von Mensch zu irgendeinem Gegenstand. „Oh, ich muss wieder einmal meinen Zimmerpflanzen Wasser geben", kommt mir plötzlich in den Sinn, und tatsächlich, die Pflanzen haben trocken. Warum kommt mir das gerade jetzt in den Sinn?

Ich fahre mit meinem Auto und denke plötzlich, es braucht Öl. Vergesse aber den Gedanken bald wieder. Was passiert, kurz darauf leuchtet die Öllampe auf, ich muss dringend eine Werkstatt aufsuchen.

Die Pizza im Ofen habe ich vergessen, da schießt plötzlich ein mich aufschreckender Gedanke durchs Gehirn: „Die Pizza verbrennt."

Es ist kein Zufall, was wir gerade denken und fühlen.

Mit unseren Gefühlen und Gedanken sind wir Teil eines gigantischen Kommunikationsnetzes, gegen das das Internet ein Nichts ist! Was wir in unserer Gedanken- und Gefühlswelt erleben und was in unserem so genannten Unterbewusstsein abläuft, ist ein intensiver Austausch der verschiedenen Sender untereinander in diesem räumlich und zeitlich unbegrenzten Netzwerk. Jedes Lebewesen, ob materialisiert oder feinstofflich, ob groß oder klein, Elefant oder Mikrobe, Mensch oder Engel, ist in diesem Netzwerk sowohl ein Sender als auch ein Empfänger!

Was sendet der einzelne Sender? Das ist eine ganz entscheidende Frage, denn das, was er sendet, bestimmt, was er empfängt! Es gilt: Gleiches zieht Gleiches an! So ist jeder seines Glückes eigener Schmied! Wer Freude sendet, zieht wieder Freude an, wer Hass sendet, empfängt wieder Hass mit allen Folgen. „Was Du säst, wirst Du ernten", sind dafür die einfachen Worte von Jesus. Als „Gesetz der Anziehung" bezeichnet ein modernes Autoren-Team um Rhonda Byrne[7] dieses kosmische Gesetz, dieses „Secret"[7].

Entscheidend sind die Gefühle. Die Gedanken sind bloß Ausdrucksformen der jeweiligen Gefühlskomplexe wie Liebe, Freude, Mut, Hoffnung, Zuversicht, Vertrauen usw. im positiven Sinn, Hass, Trauer, Angst, Eifersucht, Neid, Rache usw. im negativen Sinn. So wie wir gefühlsmäßig sind, freudig oder traurig, mutig oder ängstlich, voller Liebe oder voller Hass, wohlwollend oder neidisch, so senden wir und so empfangen wir wieder, das heißt ein Austausch mit analogen, gleichartigen Schwingungen findet statt.

In Gedanken verbunden

Die meisten Menschen glauben, sie seien mit ihren Gedanken und Gefühlen allein. Das ist aber ein Irrglaube. In

Wahrheit sind wir mit jedem Gedanken, mit jedem Gefühl verbunden mit all den Menschen und Seelen, die diesen Gedanken auch denken, bzw. dieses Gefühl auch haben. Zusammen sind wir der jeweilige Energiekomplex, aus denen die einzelnen Gedanken und Emotionen kommen.

Das zeigt folgendes Hypnoseexperiment[8]: Der englische Physiker Sir William Barrett suggerierte einem in Hypnose versetzten Mädchen, dass es genau dasselbe schmecken werde wie er. Und tatsächlich schmeckte das Mädchen, dessen Augen verbunden war, jeweils genau das gleiche. Als er Salz in den Mund nahm, platzte das Mädchen heraus: „Wozu stecken Sie mir Salz in den Mund?" Zucker schmeckte ihm dann besser. Auch Pfeffer, Senf usw. schmeckte es sofort, wenn er es in den Mund nahm.

Darum kommt es uns auch oft so schwer vor, Gedanken und Gefühle zu ändern. Weil wir damit nicht alleine sind!

In den jeweiligen Schwingungskomplexen, welche die Gleichdenkenden, Gleichfühlenden gemeinsam bilden, läuft viel ab. Je nach Qualität des jeweiligen Schwingungskomplexes, dem wir mit unseren Gedanken und Gefühlen momentan angehören, findet ein harmonischer, lichtvoller Austausch statt oder aber ein Kampf. Wir leben mit unseren Gedanken und Gefühlen entweder in lichten Innenwelten oder aber in dunkleren Bereichen, wo weniger kommuniziert als mehr gestritten und gekämpft wird.

Wo wir leben, bestimmen wir selbst, jeden Augenblick. Natürlich können wir negative Gedanken oder gar negative Gedankenkomplexe nicht nur einfach mal so schnell auflösen. Das kann niemand, weil ein Ego-Gedankenkomplex (z.b. ein Minderwertigkeitskomplex) eben von unzähligen Menschen und Seelen gespeist und am Leben gehalten wird. Wollte man einen solchen Komplex auflösen, müsste man alle Probleme dieser Ego-Wolke lösen. Und das ist eine zu überdimensionierte und nicht zu bewältigende Aufgabe.

Man kann aber mit Hilfe des göttlichen Bewusstseins sich selbst aus dieser negativen Gedankenwolke herauslösen, also die Resonanz, die Entsprechung zu diesem Energiekomplex lösen. Somit lässt man den Komplex hinter sich. Wir können uns also in jedem Augenblick entscheiden, ob wir die negativen Gedanken und Gefühle weiter pflegen oder uns anders orientieren wollen. Ob wir weiter mit streiten oder lieber einen friedlichen Weg einschlagen wollen. Ob wir Lösungen anstreben oder weiter Konflikte fördern wollen. Ob wir uns von Gott, dem höchsten ewigen Bewusstsein, und unseren Himmelsfreunden, den Engeln, führen und

helfen lassen wollen, oder vom eingeschränkten Bewusstsein verführen.

So wie man sich entscheidet und innerlich lebt, so wird es
früher oder später für einen auch in dieser äußeren Welt.
Denn auch diese scheinbar materielle Welt ist in Wirklichkeit
bloß eine verdichtete Gedankenwelt.

Der Sinn des irdischen Lebens

Was ist der Sinn des irdischen Lebens? Das Glück zu finden.
Die Freiheit und die Erfüllung zu finden. Die Freude zu finden, die Liebe zu finden. Anders ausgedrückt: Den Himmel
zu finden, Gott zu finden, der das ewig reine Bewusstsein
ist, dessen Kinder wir im tiefsten Inneren alle sind.

Warum gibt es dieses individuelle und damit unvollkomme-
ne irdische Leben überhaupt, wo es doch nach Aussagen
aller Religionen hinter dem trügerischen Schleier einen
inneren geistigen Himmel voller Liebe und unvorstellbarer
Schönheit geben soll, der vollkommen ist und in dem es sich
viel besser lebt?

Damit im Himmel kein Wesen leben muss, das nicht aus freiem Willen dort ist, das nicht freiwillig das ewige Gesetz der Liebe lebt. Um die Vollkommenheit des göttlichen Seins, in dem die Liebe die tragende Kraft ist, in ganzer Tiefe erfassen zu können, gibt es die Möglichkeit, das Gesetz der Liebe, den Himmel, zu verlassen, um als Alternative zum göttlichen Sein seine eigenen, persönlichen, individuellen Vorstellungen zu leben und zu erleben.

In den ewigen Welten, im Himmel, in unserem inneren, geistigen Zentrum, leben alle Wesen authentisch vereint in einem wunderbaren Miteinander und Füreinander. Die alles tragende Kraft ist die alle vereinende Liebe und Intelligenz des ewig reinen Bewusstseins.

Wenn Wesen diese große innere Einheit verlassen, um individuelle Vorstellungen zu leben, ergeben sich als Folge der Trennung zwangsweise Konflikte, die zu Machtkämpfen führen mit all ihren traurigen, leidvollen, ja oft tragischen Folgen.

Genau das zu erkennen, ist der Sinn der eigenwilligen Welten. Zu erfassen, dass all das, worunter wir leiden: das Böse, das Einengende, das Brutale, das Gegeneinander, die Lieblosigkeit, das mangelnde Verständnis, die Antriebslosigkeit, die Freudlosigkeit, die Sorgen, die Traurigkeit, die Hoffnungslosigkeit... eine Folge unseres Eigenwillens sind, und dass nur die Liebe und die Verbundenheit mit dem ewigen Bewusstsein uns wirklich das geben können, wonach wir alle uns zutiefst sehnen: Glück, Freude, Erfüllung, Freiheit, Geborgenheit, Gesundheit, Verständnis, Erfolg, Schönheit, bedingungsloses Geliebtsein...

Dabei ist wichtig zu wissen, dass wir von der göttlichen Welt aus gar nichts müssen – wir dürfen!

Was glauben Sie?

Was Sie glauben, ist natürlich Ihre Privatsache! Sind Sie sich aber bewusst, dass das, was Sie glauben, Ihr Leben bestimmt, Ihre Zukunft generiert?

So wie ein Haus erst gebaut und somit materialisiert werden kann, wenn es vorher ausgedacht = geplant wurde, so gibt es nichts Materielles auf unserer Erde, das nicht vorher schon geistig existiert. Auch eine Pflanze oder unser Körper sind schon, bevor sie werden, im Samen, in unseren Genen als Anlage geistig vorhanden. Genauso haben auch unser Glück, unsere Gesundheit, unser Wohlbefinden einen geistigen Vorläufer, d.h. sie müssen vorher schon als Bild, als Gedanke, als Empfindung, als Idee existieren.

Darum bestimmen wir jeden Augenblick mit unseren Gedanken und noch intensiver mit unseren Gefühlen und Empfindungen unsere Zukunft. Dabei hat das, was wir im tiefsten Inneren glauben, wovon wir bewusst oder auch unbewusst überzeugt sind, am meisten Kraft und bestimmt unser Leben und unsere Zukunft.

Deshalb ist die Frage, was wir wirklich glauben, für uns so wichtig! Dabei dürfen wir uns nichts vormachen. Nicht das, was wir gerne glauben möchten, zählt, also nicht unsere oberflächlichen Wunschvorstellungen sind von Bedeutung, sondern das tiefer liegende Gefühl in uns drin, eben das, was wir wirklich glauben, ist entscheidend. Ohne dass wir uns diese tiefere Ebene bewusst machen, können wir nicht wirklich ein anderer Mensch werden, der so glücklich und frei und vital ist, wie wir das doch alle gerne sein möchten.

So dürfen wir unser Inneres, wenn wir wirklich gesund und glücklich sein wollen, nicht außer Acht lassen. Natürlich ist eine gesunde Ernährung sehr wichtig, denn wir haben einen Naturkörper. Natürlich ist Sport und Bewegung von Bedeutung, denn wir haben einen Bewegungskörper, genauso (oder noch wichtiger) ist aber auch die Pflege unserer Gefühls- und unserer Gedankenwelt, denn wir sind geistige Wesen.

Freilich hängen alle diese Faktoren untrennbar zusammen und einer hilft dem anderen. Wer sich ungesund ernährt und damit z.B. seinen Darm über alle Maßen plagt und quält, hat es schwer, positiv zu fühlen und zu denken. Umgekehrt hilft die beste Nahrung nichts, wenn wir ihre Kraft mit unseren Gedanken, Gefühlen und seelischen Nöten wieder kaputt machen. Gesundheit, Fitness und Vitalität kommen, wenn diese Faktoren miteinander eine Einheit bilden! Wenn mein Darm in Ordnung ist, lässt es sich leichter positiv denken. Wenn ich mich bewege, hilft das auch meiner Seele, wenn ich glücklich bin, wirkt das auch wieder auf meine körperliche Gesundheit....

Glauben ist wichtiger als Wissen

In einem Interview über seinen neusten Roman „Muttersohn" äußert der 84 jährige Martin Walser sinngemäß: Glauben ist für uns wichtiger als Wissen. „Wir glauben mehr, als wir wissen." [9] Und Wissen hat weniger Einfluss auf uns als das, was wir glauben. Das Wissen hat man immer von einem anderen, aber den Glauben hat man selber. Die Hauptfigur Percy im Roman sagt deshalb: „Glauben ist die Handschrift der Seele."

Glauben ist dabei für Walser auch nicht eine „Tag und Nacht verfügbare Sicherheit", sondern Glauben ist ein andauernder Prozess –„weil andauernd bedroht vom nicht glauben können und doch glauben wollen." [9]

Wie wahr diese Aussage ist, hat wohl jeder, der ehrlich ist, schon an sich selbst erlebt. Auch wenn man weiß, dass Glaube Berge versetzen kann, dass, wer z.B. an den Erfolg glaubt, auch Unmögliches möglich machen kann, wer an seine Gesundheit glaubt, auch von schwersten Krankheiten geheilt werden kann, wer an eine Lösung glaubt, auch eine Lösung findet... – manchmal fehlt der Glaube!

Und doch glaubt man auch dann, nämlich an das Gegenteil von dem, was man glauben möchte: an den Misserfolg, an die Krankheit, an die Aussichtslosigkeit... Auch Letzteres ist kein Wissen, sondern nur Glaube. Zurecht sagt darum Martin Walser: „Die meisten Leute glauben, sie seien vom Wissen abhängig, aber in Wirklichkeit sind sie vom Glauben abhängig." [9]

Wie kommen wir zu dem Glauben, den wir vom tiefsten Inneren her möchten: Nach meiner Erfahrung nur, indem wir ehrlich sind, wie wir sind. Und sind wir nicht so, wie wir eigentlich möchten, dann hilft kein Verdrängen, sondern nur ein Dahinterblicken. Die Zauberfrage heißt: Warum? Und die Antwort auf unsere Fragen bekommen wir, so wir das wollen, aus unserem Inneren, vom höchsten Bewusstsein, Gott, wenn wir uns ihm zuwenden und um Hilfe bitten. Daran kann ich zum Glück glauben!

Das Wissen um das Nichtwissen

"Ich weiß, dass ich nichts weiß", soll der weise Sokrates gesagt haben. Eine unbequeme Erkenntnis, aber nur auf den ersten Blick! Denn wer diese Aussage verinnerlicht, versteht, dass er als Ich zwar sehr viel Wissen ansammeln kann, aber nicht wirklich etwas weiß. Beim genaueren Hinsehen ist all das, was man zu wissen vermeint, letztlich nur unbeweisbares Scheinwissen.

Andererseits weiß man mit innerer Gewissheit, dass das so ist. Man versteht, dass es keinen Sinn macht, auf das Ego zu bauen, denn das Ego ist eine Illusion. Es kann einem nie das bringen, was man in der Tiefe sucht. Das wahre Wissen kann nur von dort kommen, wo auch die Gewissheit des Nichtwissens herkommt: von der Quelle des Lebens selbst!

Du bist, was du sprichst

Immer mehr Menschen verstehen oder ahnen, dass auch unsere materielle Welt nichts anderes als eine Gedankenwelt ist, nur weit mehr verdichtet als feinstofflichere Welten. Aber letztlich gilt auch in dieser Welt: Sie ist unser Spiegel. Was wir erleben, ist das, was wir denken, fühlen und tun. Was wir erleben, entspricht unseren Haltungen und Glaubenssätzen. Wird uns dies im Augenblick, also jetzt, bewusst, können wir jetzt konkret unser Denken ändern, konkret unsere Haltungen und Glaubenssätze überdenken und uns jetzt neu orientieren, neu definieren.

Wer wir jetzt sind, verrät uns auch ganz stark das, was wir sagen und wie wir es sagen: unser Sprechen, unsere Formulierungen. ‚Du bist, was du sprichst‘, ist die eine Seite, ‚du sprichst, was du bist‘ die andere. Das Wissen um beide Seiten ist nützlich.

Wie sind wir? Welche Glaubenssätze, welche Haltungen haben wir? Woran glauben wir? Unser Sprechen verrät es uns. Beobachten wir unser spontanes Sprechen, erfahren wir mehr über uns. Warum drücke ich das, was ich sagen will, gerade so aus? Warum benutze ich z.B. den Konjunktiv? Warum die verneinende Formulierung statt die positive? Warum gebrauche ich einschränkende Wörter wie „eigentlich" oder „aber"? Sage ich das, was ich will oder das, was ich nicht will? Drücke ich mich klar oder schwammig aus? Verrät meine Formulierung einen Zweifel? …

Etwas erkennen, ermöglicht einem, jetzt etwas zu ändern, und sei es nur z.B., dass man den gesprochenen Satz noch einmal umformuliert ausspricht, um zu spüren, wie er sich jetzt anfühlt.

Wer sein Leben und das, was ihm widerfährt, bewusst gestalten und bestimmen will, statt sich von irgendwelchen Kräften leben zu lassen, der sollte sich auch die Macht der Worte bewusst machen und die Möglichkeit, durch bewusstes Formulieren und bewusste Wortwahl sein Leben bewusst zu gestalten.[10)]

An den Erfolg glauben lernen

Wir Menschen haben uns üblicherweise programmiert zu sehen, was wir nicht haben, statt was wir haben. Ausgerichtet aber auf den Mangel, zieht man nach dem Gesetz der Anziehung auch wieder nur den Mangel an: „Gleiches zieht Gleiches an", lautet das unbestechliche kosmische Gesetz. Entsprechend fällt es einem auch immer schwerer, an den Erfolg zu glauben. Stattdessen glaubt man, sich mit dem Status quo abfinden zu müssen.

Wer darum möchte, dass es ihm besser geht, sollte zuerst schauen, wie gut es ihm jetzt geht, und dafür dankbar sein. Wer seinen seelischen und materiellen Reichtum, den er jetzt schon hat, anfängt zu sehen, der wird immer (erfolg)reicher.

Wer sehen möchte, wofür er jetzt in diesem Augenblick Grund hat, dankbar zu sein, der darf, wenn er will, das ewige Bewusstsein um Hilfe und Führung dafür bitten, auf dass ihm die Sicht für das Gute und Dankenswerte geöffnet wird. Sollten ihn noch einengende Glaubenssätze bremsen, so hilft ihm auch hier das Bewusstsein, diese zu erkennen, loszulassen und durch ein offenes Denken und Fühlen zu ersetzen.

Alleine schon die Möglichkeit, dass wir alle, ohne Ausnahmen, das ewige Bewusstsein um Hilfe und Führung bitten dürfen, wenn wir wollen, und dann auch tatsächlich die Hilfe bekommen, macht uns Menschen unsagbar reich!

Wozu gibt es denn überhaupt den Mangel? Der Mangel macht uns das Geschenk, den Reichtum sehen, wertschätzen und achten zu lernen. Insofern ist auch er ein Aspekt des Reichtums. Gott, das ewig reine Bewusstsein, ist die Fülle, ist die Schönheit, ist die Freiheit, ist die Liebe und Geborgenheit, ist die Gesundheit, ist der unermessliche Reichtum, ist der (Über)Fluss in allem. Und dieser Reichtum und (Über)Fluss steht uns allen zu, die wir in unserem Innersten Kinder des göttlichen Bewusstseins sind.

Doch was nützt uns dieser Reichtum und Überfluss, wenn wir ihn nicht anschauen und darum nicht sehen und nicht wertschätzen können?

„Ja, ich würde ihn schon sehen und wertschätzen, den Reichtum, wenn ich ihn hätte", sagen Sie vielleicht. Von welchem Reichtum sprechen Sie? Wohl von dem Reichtum, den Sie im Moment mangeln. Sehen und wertschätzen Sie aber auch den Reichtum, den Sie im Moment schon haben? Und sind Sie dafür dankbar?

Wenn ja, dann werden Sie auch den Reichtum früher oder später anziehen, den Sie jetzt mangeln. Das funktioniert uneingeschränkt sicher nach dem ehernen inneren Gesetz der Anziehung: „Gleiches zieht Gleiches an."

Dankbarkeit macht fit

Dankbarkeit ist eine der höchsten Ausdrucksformen der Liebe und darum bringt sie uns, wenn wir uns darin üben, einen unbeschreiblichen Segen! Es lohnt sich sehr, immer mal wieder inne zu halten und sich die Frage zu stellen: Wofür habe ich jetzt Grund, dankbar zu sein?

Mit jedem Gedanken der Dankbarkeit senden wir Liebe aus, die verstärkt und vielfach wieder auf uns zurückkommt. Es ist erstaunlich, wie wach und klar und fit uns nur ein paar gefühlte Gedanken der Dankbarkeit machen. Man ist gleich ein anderer Mensch - voller Energie!

Es gibt unzählige Dinge, wofür wir dankbar sein können: Dankbarkeit für die lieben Menschen und Tiere, mit denen wir zusammen sein dürfen oder die uns begegnen. Dankbarkeit für alle die Menschen, die mitgewirkt haben, dass wir in einem warmen Haus wohnen und in einem Bett schlafen dürfen, dass wie baden oder duschen können, dass wir feine Speisen und Getränke genießen, schöne Musik hören oder einen Film sehen dürfen...

Dankbarkeit für die vielen Vorzüge, die uns die moderne technisierte Welt bietet und uns ein bequemes Leben führen lässt. Dankbarkeit dafür, dass wir mobil sind und nicht mehr nur an die kleine Dorf- oder Stadtwelt gebunden sind....

Dankbarkeit für die Sinnesorgane, die uns die Welt wahrnehmen lassen. Für die Augen, die sehen, die Ohren, die hören, die Nase, die riecht, den Mund, der schmeckt, die Haut, die fühlt... Dankbarkeit für die innere Wahrnehmungsfähigkeit... Dankbarkeit für die Gesundheit, für den komplexen Körper, der ohne unser Dazutun wunderbar funktioniert, für die Beine und Füße, dank denen wir uns in dieser Welt bewegen können, für die Arme und Hände, dank denen wir so vieles tun können...

Dankbarkeit für die unbeschreibliche Vielfalt der Natur. Für die Sonne, die Sterne, die Pflanzen, die Tiere, die Berge, das Meer, die Flüsse, die Seen, den blauen Himmel, den Regen, die Luft, ja für den ganzen schönen Planeten...

Alles gratis!

Wir alle würden es wahrscheinlich nicht fassen können und wären voller Dank, wenn wir in der Zeitung lesen würden: Aldi, Edeka, Lidl, Rewe, Tegut... geben heute alles gratis. Dabei sollten wir es gewohnt sein, denn der größte Geber, der auch der größte Rohstoff- und Lebensmittellieferant ist, gibt und gab seit Menschengedenken immer alles umsonst. Wie wir diesen großen Geber auch immer nennen wollen: Gott, Göttin, Schöpfer, Allah, Natur, Mutter, Vater, Licht, Leben, Bewusstsein, Sein oder noch anders, an der Tatsache ist nicht zu rütteln, dass er uns alles gratis gibt. Wir werden für seine immensen Gaben nicht zur Kasse gebeten.

So haben wir unseren wunderbaren Körper gratis bekommen und dazu ein rundum Service- und Versorgungspaket. Wir müssen kaum etwas tun. Unsichtbare Kräfte im Hintergrund sorgen dafür, dass unser Körper unaufhörlich gepflegt und erneuert wird, und eine gigantische Intelligenz im Hintergrund trifft jeden Augenblick in jeder Zelle die richtigen Entscheidungen.

Die Luft, die wir zum Atmen benötigen, ist einfach da. Die riesige Vielfalt an Mineralien und Pflanzen mit ihren prächtigen Farben und Formen, ihren wunderbaren Düften und den wohlschmeckenden Früchten verschenkt sich uns.

Unzählige Tiere erfreuen uns mit ihrer Schönheit und Putzigkeit, mit ihrem Gesang, mit ihrer Treuherzigkeit und ihren leuchtenden Augen. Unzählige Kleinstlebewesen helfen durch ihren unermüdlichen Einsatz, dass die Erde fruchtbar ist und wir Lebewesen mit komplexeren Körpern gesund sind.

Die wunderbaren Naturlandschaften: die Berge, die Hügel, die Ebenen, die Felder, die Wälder, die Seen, die Flüsse, das

Meer, die Buchten, die Felsen sind für uns da. Sie verlangen keinen Eintritt.

Die strahlende Sonne mit ihrem einzigartigen Licht und ihrer wohligen Wärme ermöglicht, dass wir Lebewesen auf diesem wundervollen Planeten in üppiger Pracht leben können. Wir zahlen dafür keine Gebühren. Auch der Regen versorgt uns umsonst.

Wann waren wir das letzte Mal für all das dankbar?

Die Macht des Dankens

Das wunderbare Buch von Rhonda Byrne: „The Magic"[11] zeigt konkret auf, wie jeder Mensch durch die magische Macht des Dankens sein Dasein positiv, ja grundlegend verändern kann, wenn er das will, hin zu einem glücklichen, seelisch und materiell erfüllten Leben.

Wer von Herzen dankt, der lebt im Jetzt, und er sieht, achtet und schätzt den Reichtum, den das Leben ihm schenkt und geschenkt hat. Und da nach dem geistigen Gesetz der Anziehung (Gleiches zieht Gleiches an) der gefühlte Reichtum wie magisch neuen Reichtum anzieht, ist ein Leben in immer mehr seelischem und materiellem Reichtum die logische Folge.

Umgekehrt zieht natürlich ein hadernder Mensch, dessen Blick auf dem haften bleibt, was er nicht hat, auch Entsprechendes an. So ist wohl auch das Zitat aus dem Matthäusevangelium zu verstehen, das Rhonda Byrne ins Zentrum ihrer Betrachtung rückt: „Wer da hat, dem wird gegeben, dass er die Fülle habe. Wer aber nicht hat, dem wird auch das genommen, was er hat."

Wie man die segensreiche Dankesenergie für alle Lebensbereiche aktivieren kann, zeigt Rhonda Byrne in ihrem Buch einfühlend und nachahmbar auf. Wie magisch schnell und grundlegend sich dann tatsächlich in allen Lebensbereichen, für die man dankbar ist, viel zum Guten verändert, kann wohl jeder, der die Magie des Dankens auch schon in seinem Leben erfahren hat, nur bestätigen.

Meinerseits möchte ich ergänzen, dass zusätzlich zu den praktischen Übungen, die Rhonda Byrne anregt, es sehr wichtig ist, eine innere Beziehung zum göttlichen Bewusstsein aufzubauen. Denn manchmal können uns so starke Negativkomplexe bedrängen und den Blick auf das Dankenswerte verbauen, dass uns die Fähigkeit, das zu sehen, wofür wir dankbar sein können, wie genommen ist. Da hilft uns dann das göttliche Bewusstsein, wenn wir wollen, den Schleier wegzunehmen, um zu sehen, was abläuft, um die Entsprechungen an diesem bedrängenden Negativkomplex lösen zu können.

Wer erlebt hat, wie segensreich das göttliche Bewusstsein uns zu Hilfe eilt, wenn wir es darum bitten, hat unaufhörlich Grund, für einen unfassbar tiefen, inneren Reichtum dankbar zu sein. Ja letztlich ermöglicht nur die Verbindung zu dem göttlichen Bewusstsein überhaupt die Fähigkeit, von Herzen Dank zu empfinden.

Das Grundgefühl erfassen

Das Grundgefühl, das wir im Augenblick haben, bestimmt unser Sosein und unsere Zukunft. Es bringt uns darum sehr viel, wenn wir immer wieder mal in uns gehen und spüren, wie wir uns jetzt gerade fühlen. Am besten ist es, sich dieses Grundgefühl bewusst zu machen, indem wir es in Worte fassen. Das ewige Bewusstsein, Gott, hilft uns gerne dabei.

Ist das Grundgefühl positiv? Oder ist es negativ? Haben wir ein gutes oder eher ein mulmiges Gefühl?

Gelingt es uns, dieses Grundgefühl zu fassen, leben wir tief im Augenblick. Wenn wir es bewusst wahrnehmen, ohne sofort etwas daran ändern zu wollen und ohne es zu werten, dann werden wir klar und wach und auch offen für Hilfen aus der geistigen Welt.

Herzensehrlichkeit macht frei

Wer kennt sie nicht, die guten Ratschläge: Du musst nur positiv denken und das, was du willst, mit allen Gefühlen bejahen, und alles wird so, wie du es möchtest. Allein, oft fehlt die Kraft, das zu tun. Die Gegenkräfte sind stärker. Alles, was man fähig ist, ist ein verkrampftes, kopfiges, kraftloses Bejahen von dem, was man sich wünscht. Tiefer drin aber glaubt man ans Gegenteil.

Die meisten Menschen finden sich damit ab und fügen sich fatalistisch ins Sosein. Was können wir tun?

Von Herzen her ehrlich, ja wahrhaftig werden, das ist der Ausweg aus dem inneren Gefängnis. Sich von ganzem Herzen vertrauensvoll dem höchsten, ewig-reinen Bewusstsein anvertrauen, das öffnet die Türen und Tore ins Leben, in die innere Freiheit!

Wer sich in seinem Herzen vertrauensvoll der höchsten, nie versiegenden, ewigen Kraftquelle der Unendlichkeit und Ewigkeit hingibt und ihr alles grundehrlich anvertraut und ungeschminkt erzählt – wie er sich fühlt, was er denkt, wovor er sich fürchtet, was er möchte, worüber er verzweifelt, weshalb er nicht mehr kann, was er ungerecht und gemein findet usw. – der erlebt, wie ihm eine innere Kraft, ein weites Bewusstsein zu Hilfe kommt. Und wer diese innere Hilfe dankbar annimmt und diese innere Lebensquelle, die durch die Ehrlichkeit aufgeschlossen wird, zu seinem täglichen Begleiter macht, der ist auf dem Weg heim in seine innere Heimat, in sein ewiges Selbst.

Diese Welt lebt vom Kampf

Das Egosystem dieser Welt lebt davon, dass die Menschen sich in einem andauernden Kampf befinden. Der Kampf wird dabei auf verschiedenen Ebenen gefochten. Die wenigen Energien, die dem eingeschränkten Ego-Bewusstsein zur Verfügung stehen, werden auf diese Weise ausgetauscht und verteilt oder umverteilt.

Religiös wird dieser Kampf meist begründet als der gottgewollte Kampf vom Guten gegen das Böse, vom Licht gegen die Finsternis, von Gott gegen den Teufel. Die Guten kämpfen idealistisch, aber oft mit bösen Mitteln, weil sie glauben, verhindern zu müssen, dass das Böse das Gute zerstört und in seinen grauenhaften Abwärtsstrudel zieht. Gekämpft wird dabei an äußeren wie inneren Fronten.

Philosophisch wird dieser Kampf untermauert mit dem Gedanken einer dialektischen Vorwärtsentwicklung.

In Romanen und Filmen wird der Kampf als unterhaltsame Normalität gezeigt, als notwendig und gut, und der Leser und Zuschauer fiebert mit den Helden mit, welche die kleine oder große Welt vor dem "Falschen" retten und am Schluss – heute oft nach viel Gewalt, Spannung, Action, Hochs und

Tiefs, nach cooler Unerschrockenheit oder emotionalen Wechselbädern – schließlich siegen und dadurch Hoffnung und Zuversicht hinterlassen und zur Nachahmung motivieren.

In den täglichen Massenmedien wird der Meinungskampf provoziert. Auch gibt es Unterhaltungsshows, in denen der Kampf ausgetragen wird: Wer singt besser? Wer tanzt besser? Wer rennt besser? Wer modelt besser? Wer boxt besser? Wer hält mehr aus? Wer weiß mehr? Wer kann mehr usw. Auf den Fußballfeldern werden stellvertretend oft größere Kämpfe, ja halbe Kriege, kanalisiert.

In dieser Welt hat alles seine zwei Seiten. So bringt der immerwährende Kampf der Egos der Verliererseite Leid, Kummer, Enttäuschung, oft Not, auch Zerstörung und viel Angst, Enge und Abhängigkeit. Andererseits aber können gerade dieser Kampf und die kausale Bewegung der Ego-Fronten auch den Impuls zur Befreiung aus der Enge des Bewusstseins auslösen. Durch den Kampf kommt das Ego nicht zur Ruhe und wird genötigt, sich mit seinem aktuellen Ego-Zustand auseinanderzusetzen.

Solange es dem Ego gelingt, auf der Siegerseite zu bleiben, ist die Motivation, tiefer zu blicken, nicht groß. Schließlich bringt ihm der Kampf Vorteile. Kippt aber das Machtverhältnis und aus dem Sieger wird der Verlierer, dann bringt das Erleben dessen, was man vorher anderen angetan hat, manchmal einen Menschen zur Besinnung und zu tiefen, befreienden Einsichten.

Müssen also dieser andauernde Kampf und das daraus resultierende Leiden sein? Nur dann, wenn die Einsicht fehlt! Die aber müsste nicht fehlen. Jeder Mensch kann sich jeden Augenblick in seinem Inneren an das göttliche Bewusstsein wenden und es um Führung und um Hilfe bitten, und so zu Einsichten und zur befreienden Erweiterung seines Bewusstseins kommen, ohne dass die Not und das Leiden vorher ihre Keulen schwingen müssen!

Die Ego-Komplexe

Als Ego (=Ich) befinden wir uns in einem permanenten Macht- und Behauptungskampf mit anderen Egos. So gibt es Kämpfe zwischen den einzelnen Egos und auch Kämpfe mit und zwischen Ego-Gruppen. Durch jeden dieser Kämpfe entstehen – geistig gesehen – kleinere oder größere Energiekomplexe, die in unserem Unterbewusstsein, je nach Intensität auch im kollektiven Unterbewusstsein, zu wirken beginnen und so lange bestehen bleiben – und seien es tausende Jahre –, bis sie niemand mehr mit Energie füttert.

Ego-Kämpfe laufen immer wieder ähnlich ab. So finden wir in allen Ego-Energiekomplexen, ob klein oder mächtig, im Prinzip dieselben Grundmuster: Das Ego, das etwas durchsetzen will, muss Überzeugungskraft und Drohpotential aufbauen. Wir sprechen hier meist von Selbstbewusstsein, korrekt aber wäre „Ego-Bewusstsein", denn das Selbstbewusstsein ist etwas ganz anderes. Das Ego sendet also aus, was es will, und wirbt um Zustimmung dafür, gleichzeitig macht es klar, dass es seine Ziele auch gegen Widerstände durchzusetzen bereit ist. Darum finden wir in jedem Ego-Energiekomplex eine bestimmende und drohende Kraft, die uns manipulieren will und die, je nach Intensität, so absolut auftritt, als wäre sie selber Gott. Wir erkennen aber das Ego an den Drohungen und an den Einschüchterungen – das passt nicht zu Gott, dem Bewusstsein der Liebe.

Dieses auftrumpfende Ego bezeichne ich als Aggressor-Ego.

Gewinnt das Aggressor-Ego den Durchsetzungskampf, gibt es auch Verlierer, also Egos, die sich vom Aggressor-Ego leben lassen, überrumpeln lassen, Energie nehmen lassen. Da haben wir das Verlierer-Ego.

Das Aggressor-Ego, man könnte auch Sieger-Ego sagen, zeichnet sich aus durch forsches Auftreten und durch ein starkes Selbstwertgefühl. Das Verlierer-Ego dagegen wirkt eingeschüchtert, energielos, ideenlos, voller Minderwertigkeitsgefühlen.

Hat das Verlierer-Ego allerdings genug vom Unterdrückt- und Gelebt-Werden, dann beginnt es zu kontern, also gegen das Sieger-Ego zu kämpfen, mit dem Ziel, sich zu befreien. Aus dem Verlierer-Ego wird das Konter-Ego. Nicht immer ist dem Konter-Ego gleich bewusst, gegen wen genau sich seine Auflehnung richtet. Darum kann sich der Konter-Wunsch zuerst in einer allgemeinen Unzufriedenheit äußern. Es kämpft sozusagen unbegründet gegen alle und alles. Für die Menschen im Umfeld natürlich sehr unangenehm, aber das werdende Konter-Ego weiß sich nicht besser zu helfen, um sich wieder frei zu fühlen. Erst allmählich dämmert es ihm, warum es kämpft und gegen wen sich eigentlich seine Wut und seine Unzufriedenheit richten.

Natürlich kommt das Kontern beim Aggressor-Ego unangenehm an, und es muss reagieren. Statt das Spiel zu unterbrechen, greift es in der Regel zu neuen Waffen, um seinen jetzt als Gegner wahrgenommenen Konterer wieder klein zu

„kriegen", leider bei größeren Machtkämpfen häufig im wörtlichen Sinne. Wenn das Konter-Ego darauf wieder mit einem noch stärkeren Kontern antwortet, verstärkt sich der Machtkomplex zusehend und eskaliert. Nicht selten verstricken sich noch weitere Egos in diesen ausartenden Kampf.

Wenn Sie wie ich den Wunsch verspüren, aus solchen Egokämpfen – leider gibt es unübersehbar viele auf dieser Welt – auszusteigen, dann gibt es Hoffnung. Denn das göttliche Bewusstsein wünscht sich für jeden von uns nichts mehr, als dass wir wieder frei werden von dem quälenden Ego-Kampf und in unsere Mitte finden. Allerdings kann das Bewusstsein uns erst dann helfen, wenn wir bewusst wieder frei werden wollen. Denn das göttliche Bewusstsein achtet immer den freien Willen aller Geschöpfe.

Freiheit bringt das Bewusstwerden der ablaufenden Ego-Kämpfe und gleichzeitig die bewusste Entscheidung, sich nicht mehr mit diesem Ego-Komplex zu identifizieren. Schritt für Schritt können wir dann aussteigen und die Ego-Last abschütteln. Der Weg zurück ins Licht ist ein allmähliches Loslassen aller Verstrickungen und Identifikationen mit solchen Ego-Komplexen und ein sich Öffnen für die erfüllende Macht der Liebe, also für den Lebensstrom, der uns einzig und allein frei macht.

Das Ego lebt vom Kampf

Die Ego-Komplexe bekommen keine direkte Energie von der göttlichen Urquelle. Sie leben von der Energie der Menschen und Seelen. Um Energie von den Menschen zu bekommen, müssen sie die Menschen an sich binden, also andauernd ihre Aufmerksamkeit gewinnen. Wie machen sie das? Indem sie u.a. die Menschen bedrohen, bedrängen und in Kämpfe verwickeln.

Die Ego-Komplexe leben vom Kampf und den Energien der Angst, Wut, Hass, Auf- und Abwertungen usw. Die Menschen, die sich mit diesen Ego-Komplexen identifizieren, sind dann auf den Kampf und die Energie von anderen angewiesen. Der Wichtigtuer, der Besserwisser, der Rechthaber, der Machthaber, der Besserseinwollende usw. würden bald energielos dahin welken, wenn sie nicht von Menschen oder Seelen mit Energie versorgt würden, die ihre Ego-Extravaganz abkaufen oder gegen sie kämpfen. Beides führt ihnen Energie zu.

Natürlich wird der, der ständig seine Energie Ego-Komplexen unbedacht abgibt, auch zusehend energieärmer, was ihn immer mehr an die Ego-Komplexe bindet. Der gegenseitige Energieraub wird so mehr und mehr zum Alltag. Permanent wechselnde Hochs- und Tiefs sind die Folgen.

Dies geschieht im Kleinen wie im Großen über Konversation, über Gefühlserregungen, über Auf- und Abwertungen in Gedanken und Gefühlen. Damit wir Menschen ständig einen neuen Grund haben, uns über etwas aufzuregen oder zu erregen, was dann abreagiert werden muss, und uns über etwas Sorgen zu machen, uns zu ängstigen, über etwas nachzudenken und beschäftigt zu sein, sorgt heutzutage auch ein gut ausgebautes Mediensystem, über das die Machthaber die Energien der Menschen in die von ihnen gewünschte Richtung lenken.

Bewusstsein statt Machtkampf

Was kennzeichnet einen Machthaber? Der Machthaber lebt auf Kosten anderer. Er wertet sich auf und andere ab. Der Mensch, der sich abwerten lässt, ist sein Energielieferant.

Machthaber finden wir überall: in der Familie, im Bekanntenkreis, am Arbeitsplatz, in der Politik, in der Religion... Ja, jeder von uns ist in einigen Bereichen eher Machthaber, also Unterdrücker und Energieräuber, in anderen Bereichen eher Unterdrückter, also Ausgebeuteter.

Wenn wir nicht eins mit unseren Mitmenschen sind, herrscht der Machtkampf, und wir sind entweder Machthaber oder Unterdrückter, Sieger oder Verlierer, Ausbeuter oder Ausgebeuteter, reich oder arm....

Das göttliche Bewusstsein ist die Einheit. Wer diesem Bewusstsein entgegenstrebt, lebt bewusst und durchlichtet dadurch das Dunkel. Denn das Licht, das Gott ist, hebt die Polarität allmählich auf. Ein einfaches Experiment verdeutlicht das: Eine kleine Kerze genügt, um die Dunkelheit zu vertreiben. Umgekehrt kann die Dunkelheit dem Licht nichts anhaben.

Das Licht zu suchen und zu finden, ist der einzige Weg, um aus dem Dilemma des Machtkampfes, von dem letztlich niemand profitiert, herauszufinden und wirklich frei und glücklich zu werden.

Enge oder Bewusstsein

Das göttliche Bewusstsein ist das All-Bewusstsein. Es ist in allem die verbindende Kraft.

Das Ego dagegen hat ein beschränktes, enges Bewusstsein, es erfasst immer nur einen Teil vom Ganzen. Während das göttliche Bewusstsein alles zu einem Ganzen verbindet, trennt das Ego-Bewusstsein das Ganze in Teile auf. Seine Sicht ist die Teilsicht. Während das göttliche Bewusstsein die Pole des Lebens zu einer Einheit verbindet, ist das Ego immer nur auf einen Pol fixiert und die andere Seite erscheint ihm suspekt und bedrohlich.

Darum ist für das Ego die Welt, wohin es auch blickt, voller Feinde, voller Gegenspieler, und überall lauern Gefahren. Der Kampf ist seine Natur, die Ambivalenz der Gefühle sein Wesen.

Religion und Ego

Religiöse Vorstellungen drängen Menschen oft zu Ego-Höchstleistungen. Sie mutieren zu unerbittlichen Kämpfern für ihren Gott oder zu Duldern, Schaffern, Aufopferern, ohne zu merken, dass Ego gleich Ego ist, ob für das so genannt „Gute" oder für das „Böse".

Gott näher kommen, bedeutet, sich mehr und mehr vom Ego zu lösen. Darum sollte der Sinn aller Religionen auch sein, den Menschen zu helfen, sich durch Einsicht und Erkenntnis von den vom Ego geschaffenen Komplexen zu befreien.

Das Ziel sollte das Freiwerden von den Ego-Kämpfen, - Zwängen und -Komplexen sein, um als Kind Gottes wieder heimzufinden in den großen Urozean des Lebens, in das allumfassende Bewusstsein.

Mitte oder Peripherie?

Alle Religionen sind sich im Kern darin einig, dass es als Gegengewicht zur materiellen Schöpfung die Einheit gibt. In der Einheit ist die Polarität, die in dieser materiellen Welt vorherrscht, aufgehoben. Darum ist die Einheit letztlich das Ziel von religiösem oder spirituellem Streben.

Als Mensch können wir die Einheit nur in unserem Bewusstsein erleben. Dann sind wir innerlich in unserer Mitte. Je mehr wir uns von der Mitte, also von der Einheit, entfernen, desto mehr kommen wir in unser Ich, und wir erleben unser Ego.

Wie geht es uns, wenn wir in unserer Mitte sind? Und wie geht es uns, wenn wir an der Peripherie sind, also im Ego?

Obwohl wir wohl alle unser Ich pflegen, bringt es uns erstaunlich wenig Angenehmes: Vielleicht mal das Gefühl, erfolgreich zu sein, besonders wichtig zu sein, ein Held zu sein, ein Könner zu sein, bedeutend zu sein, gut oder lieb zu sein. Es ist angenehm, im Mittelpunkt zu stehen, bewundert zu werden, angehimmelt zu werden, Komplimente zu bekommen...

Und doch hat alles keinen richtigen Tiefgang, ist oberflächlich, und wir sind nie so recht zufrieden. Immer droht der Gegenpol: der Misserfolg, die Abwertung, die Erfolglosigkeit... Der Rivale wartet! Wir müssen ständig für unseren Erfolg kämpfen, unseren Ruf verteidigen, Angriffe abwehren oder auf Gegenangriff gehen. Wir müssen uns behaupten. Die Angst sitzt uns im Nacken. Wir müssen uns gut zureden, Selbstbewusstsein entwickeln, Strategien aushecken. Manchmal machen wir uns etwas vor. Wir sind wütend, zornig, verbissen, hart, ärgern uns, machen uns Sorgen, und wir richten so schnell einen großen Schaden an. Wir tun anderen weh und ziehen deren Wut und Zorn auf uns. Streit, Kampf, Krieg, Hass, Rache sind bald da! So richtig glücklich sind wir eigentlich nie oder nur sehr kurzfristig. Und wir hoffen auf die Zukunft, dass es dann besser wird. Oder wir zerren von der schönen Vergangenheit, wo alles besser war. Jeder kann wohl recht schnell diese Aufzählung noch ergänzen.

Die Mitte kennt nur das Hier und Jetzt – also den Augenblick! Und wie geht es uns in der Mitte?

- ❖ Wir dürfen sein und müssen nichts müssen.
- ❖ Wir fühlen uns behütet und geborgen.
- ❖ Wir sind frei und nichts und niemand bedrängt uns.
- ❖ Wir sind ERfüllt, also von IHM, Gott - dem Leben, gefüllt.
- ❖ Wir fühlen uns mit allem verbunden.
- ❖ Wir wünschen uns nichts anderes, als das, was ist.
- ❖ Wir genießen den Augenblick.
- ❖ Wir leben aus uns selbst heraus.
- ❖ Wir schwingen mit dem Fluss des Lebens.
- ❖ Wir sind zufrieden und glücklich.
- ❖ Wir sind tief dankbar.
- ❖ Wir sind voller Freude.

- ❖ Wir sind ruhig und entspannt.
- ❖ Wir leben in der Stille.
- ❖ Wir sind voller Zuversicht.
- ❖ Wir erfassen den Sinn und die Schönheit des Augen-blicks.
- ❖ Die Mitte bringt Frieden.
- ❖ Die Mitte schafft Versöhnung.
- ❖ Die Mitte verbindet.
- ❖ Die Mitte löst.
- ❖ Die Mitte bringt die richtigen Worte.
- ❖ ....

Das persönliche und unpersönliche Ich

Das persönliche Ich, das Ego, wie wir es als Mensch alle kennen, bezieht alles auf sich. Es fühlt sich als der Mittelpunkt des Seins. Es will sein wie Gott und ist stolz auf das, was es schafft und geschaffen hat. Es will groß, wichtig, einflussreich, erfolgreich und bedeutend sein und dafür Anerkennung, Dank und Lob bekommen. Gleichzeitig hat es immer Angst vor einer Schattenwelt in sich, die ihm das Gefühl gibt, klein, schuldig unwichtig, minderwertig, ja verurteilenswert zu sein. Darum ist das Ego permanent am Verdrängen dieser Schattenwelt und am Ringen und Kämpfen um Ansehen und Erfolg. Oder es nutzt die dunklen Seiten in sich, um mit unschönen Mitteln den gewünschten, persönlichen Erfolg zu bekommen – bis es nicht mehr geht.

Das unpersönliche Ich hat zwar ein Ichgefühl, weiß aber, dass alles Gute von Gott kommt. Es erkennt, dass das göttliche Bewusstsein in ihm die Kraft und das Leben, das Talent, die Fähigkeit, die Liebe und die Zuversicht ist. Dass der Dank für alles Gute dem ewigen Bewusstsein gehört und nicht einem persönlichen Ich. Es fühlt sich als Kind Gottes wie ein Tropfen im unendlichen, urewigen Ozean des Seins, nicht aber als der Ozean selbst. Es weiß, dass Gott in ihm alles vermag, auch Berge versetzen, wenn es denn sein soll.

Die Erkenntnis

Wo Menschen eins sind oder wenigstens sich verstehen, müssen sie nicht gegeneinander kämpfen, sondern sie fühlen sich miteinander verbunden und sind glücklich.

Erst die Trennung führt zwangsweise zum Kampf, zum Streit. Keiner fühlt sich mehr wohl, wir werden energiearm. Jetzt geht es uns nur noch besser, wenn wir im Kampf als Sieger hervorgehen.

Was einzig wirklich hilft und glücklich macht, ist das Zurück zur Einheit. Und das ist das Zurück zu unserer Mitte, das Zurück zum göttlichen Bewusstsein, zum Leben. Denn nur im göttlichen Bewusstsein sind wir wieder eins miteinander.

Dabei bringt es nichts, auf den anderen zu blicken und von ihm zu erwarten, dass er wieder eins mit mir wird. Nur ich selbst kann wieder aus freiem Willen eins mit dem Leben sein und somit eins mit dem Göttlichen in meinem Nächsten. Dann bin ich in meiner Mitte, im wahren Selbst!

Ungeahnte Helfer

Wir alle kennen sie, die „Egoisten", „Idioten", „Scheißtypen", „Trottel", „Zicken", „Weibsbilder", „dummen Kühe", „Blödmänner", „Dummköpfe", „Arschlöcher", die uns nach unserer Wahrnehmung das Leben schwer machen und schuld sind, wenn es uns nicht gut geht. Wenn die nicht wären und uns mit ihren Vorwürfen, Aggressionen, Gemeinheiten, Machtansprüchen, Wünschen... plagen und oft verletzen würden, würde es uns gut oder besser gehen..., meinen wir.

Nun, tiefer betrachtet sind sie nicht an unserem Leiden Schuld, denn sie können mit ihrem Verhalten nur soweit in unsere Gefühlswelt eindringen und uns treffen, wie wir gleich oder ähnlich Ungutes mit unseren Gedanken und Gefühlen bejahen, wenn auch meist unbewusst. Sie drücken sozusagen nur unsere „Knöpfe", wie es Robert Betz[12] treffend ausdrückt, was dann die in uns schlummernden, unangenehmen Emotionen wie Ohnmacht, Verzweiflung, Wut, Ärger usw. auslöst.

So betrachtet sind sie nicht die Unglücksbringer, sondern eher ein Segen für uns, weil sie uns ermöglichen, unserem Egoselbst auf die Schliche zu kommen. Weil sie uns zeigen, wo wir selbst in Gedanken und Haltungen völlig daneben liegen, wo wir uns gleich oder ähnlich verhalten, wo wir also nicht Opfer, sondern Täter sind.

Wer gerne aus den Verstrickungen der Leid bringenden Ego-Komplexe aussteigen möchte, um wieder zum göttlichen Selbst zurückzufinden, dem empfiehlt sich darum, diese ihm unangenehmen Menschen als Helfer zu sehen, die ihm zeigen, wo er selbst daneben ist, wo er selbst umdenken sollte, wo er sich selbst ändern muss, wenn er frei, glücklich und fit sein will.

Bewusstsein oder Ego

Wer im göttlichen Bewusstsein lebt, lebt in der Einheit, im Miteinander. Das göttliche Bewusstsein ist das unbegrenzte Energiefeld des Seins. Als Kind dieses Bewusstseins, also als Kind Gottes, sind wir frei und unbegrenzt glücklich.

Wenn Kinder Gottes dieses Einheitsbewusstsein verlassen, dann trennen sie sich voneinander und anstelle des Miteinanders tritt das Gegeneinander, der Kampf! Aus Kindern Gottes werden Egos! Und der Kampf erzeugt das Leiden, die Begrenzung und die Enge. Ego-Energiefelder, also Ego-Komplexe, entstehen und nehmen die Kontrahenten gefangen. Die Realität des göttlichen Bewusstseins gerät in Vergessenheit, die engen Ego-Komplexe werden zum Alltag. Das ist die Realität von uns Menschen!

Wie werden wir wieder frei von solchen Ego-Energiefeldern? Indem wir die Energiefelder mit Hilfe des Bewusstseins durchdringen und uns mit keiner der streitenden Parteien mehr identifizieren. Wir identifizieren uns weder mit dem Sieger, noch mit dem Verlierer, und hören auf zu kämpfen. Anstelle des Kampfes tritt das Bewusstsein, was abläuft. So lösen wir uns aus dem Ego-Energiefeld heraus und werden zum neutralen Beobachter. Dann verliert das Energiefeld die Macht und wir können es loslassen.

Kampflos frei

Das göttliche Bewusstsein vereint beide Pole, die hier in dieser menschlichen Welt unversöhnlich gegeneinander kämpfen. Darum ist die kindliche, ehrliche und aufrichtige Hinwendung an das ewig reine Bewusstsein der einzige Weg, der uns aus dem Irrsinn des Eigenwillens und des daraus resultierenden Leidens herausführt.

Im göttlichen Bewusstsein werden uns die beiden gegeneinander kämpfenden Seiten bewusst, aus denen jeder Egokomplex besteht, und das vom Bewusstsein geschenkte Verständnis für beide Seiten bringt uns die erlösende Befreiung. Wir können dann den Komplex loslassen und müssen uns mit keiner seiner Seiten mehr identifizieren. Der Kampf und das dazwischen liegende Leiden hat ein Ende.

Dieser innere Weg mit und zu Gott in unserem Herzen ist so einfach: Es braucht keine geistigen Techniken, keine neuen spirituellen Methoden und keine besondere Begabung. Es braucht nur die Bereitschaft, sich dem göttlichen Bewusstsein von ganzem Herzen ehrlich und ungeschminkt anzuvertrauen. Die Hilfe kommt!

Macht und Ohnmacht

Herrschen und Beherrschtwerden gehören wie Macht und Ohnmacht immer eng zusammen. Der Herrscher versucht, den Beherrschten ohnmächtig zu machen, ihm das Gefühl zu vermitteln, gegen seine Macht anzukommen, sei aussichtslos. Jeder Versuch, aus der Abhängigkeit auszubrechen, sei zweck- und hoffnungslos!

Wer dieses fatale Gefühl annimmt, ihm also Kraft gibt, hat verloren, sein natürlicher Widerstand ist geistig gebrochen, er akzeptiert letztlich freiwillig die seiner Meinung nach unumstößlichen Verhältnisse. Interpretiert sie möglicherweise gar als gottgewollt.

Natürlich sind wir selber schuld, wenn wir jemandem „freiwillig" erlauben, uns zu beherrschen. Nur merken wir dies meistens gar nicht, weil alles unbewusst abläuft und wir selbst üblicherweise nicht nur Opfer sondern auch Täter sind.

Wer frei sein will, muss aufhören, sich mit der Enge und dem Unerwünschten zu identifizieren. Das ist freilich leichter gesagt als getan, weil die Machtkomplexe ihre Tricks haben, mit denen sie Menschen über das Unterbewusstsein zur „freiwilligen" Identifikation übertölpeln.

Weil sich die meisten Menschen kaum selbst beobachten und kaum auf ihre Gedanken und Gefühle achten, sind sie leicht darüber zu beherrschen. Dies geschieht im Kleinen wie im Großen: in der Ehe, in der Familie, im Berufsleben, kleinen und größeren Gemeinschaften, im Staat bzw. zwischen Staaten oder Interessengruppen.

Die Tricks des Herrschers, um dem Beherrschten das fatale Gefühl der Ohnmacht und Hoffnungslosigkeit aufzuzwingen, sind Drohen und Angst machen in allen möglichen Varianten. Wenn nötig wird ein Exempel statuiert, also Macht demonstriert und Minderwertigkeit suggeriert.

Die fieseste aber zugleich wirksamste Art, Macht auszuüben, ist es, dem Beherrschten das Gefühl aufzudrängen, er sei mit seiner Ansicht und seinem Widerstand moralisch im Unrecht, und er, der Herrscher, habe die Moral, Ethik und Gerechtigkeit auf seiner Seite.

Herrschende Kreise oder Schichten erfinden oder benutzen auch gerne die Religion und religiöse Institutionen, um ihre Legitimation zu untermauern und moralischen Druck ausüben zu können. Die Androhung einer Hölle, die nach diesem

Leben auf den Ungehorsamen wartet und vor der man ihn besorgt retten will, krönt diese Machenschaften.

Ängste erscheinen häufig unbegründet und oft absurd, haben aber im Reich der Gedanken und Gefühle ein sehr reales Drohpendant! Da es im Land der Gedanken und Gefühle keinen Raum und keine Zeit gibt, ist der Ursache-Wirkung-Zusammenhang mit einer beschränkten, materiellen Sichtweise nicht zu finden. Was sich aus materieller Sichtweise verrückt anhört, kann psychologisch oder spirituell gesehen logisch und real sein und über das aktuelle irdische Leben hinausgehen.

Manchmal bewirken bereits nicht konforme Gedanken in einem Menschen schon einen Schwall von Ängsten, die ein so unangenehm mulmiges Gefühl im Bauch auslösen, dass der Betroffene schon im Anfangsstadium mit der erlösenden Bewusstwerdung aufhört und den Weg des geringsten Widerstandes wählt.

Häufige Ängste sind Beziehungsängste: Angst vor Liebesentzug, Angst, nicht mehr geliebt zu werden, verlacht zu werden, nicht mehr ernst genommen zu werden, für verrückt gehalten zu werden, ausgestoßen zu werden, einsam zu sein, verlassen zu sein oder handfest gequält zu werden.

Natürlich gibt es auch existentielle Ängste: Angst vor Nöten, vor Armut, vor Krankheit, vor Leiden, vor Siechtum, Angst vor Hunger und Durst, vor Schicksalsschlägen, vor Schmerzen usw.

Dass es unglaublich viele Ängste gibt, weiß vermutlich jeder aus eigener Erfahrung. Dass alle Ängste auch ein entsprechendes Drohpendant haben, merken wir schnell, wenn wir einmal darauf achten, wann eine Angst auftaucht. Wir erfassen die Drohung, wenn wir die Angst nicht verdrängen, sondern sie als eine zur eigenen Befreiung führende Erfahrung akzeptieren und in sie hineinschauen als neutraler Beobachter. Der wertende Verstand sollte dabei ausgeschaltet sein. Das göttliche Bewusstsein hilft uns gerne, wenn wir es um Hilfe und Führung bitten.

Mit dem realen Gott der Liebe hat ein Machtkampf natürlich nichts zu tun. Das gilt auch für den von Religionen als heilig befürworteten Kampf vom Licht gegen die Finsternis. Vor Gott sind alle gleich. Die Liebe herrscht nicht, die Liebe unterdrückt nicht, die Liebe wertet nicht, die Liebe gibt und lässt jeden frei! Die Liebe muss nicht herrschen, weil sie über der Macht und über der Ohnmacht steht, sie ist die schaffende Kraft, das unumstößliche Prinzip und Gesetz der Ewigkeit und Unendlichkeit! Und darum ist die Liebe, die

Gott ist, langfristig auch der einzige Weg, der aus den Schlachtfeldern des Machtkampfes hinausführt!

Weltlicher Macht mit weltlicher Macht begegnen, mag kurzfristig Erfolg bringen, nicht aber auf Dauer. Mal sind wir Sieger mit all den damit verbundenen Hochgefühlen, dann wieder Verlierer und niedergeschlagen! Ganz nach dem Karmagesetz von Ursache und Wirkung! Ein Karussell, das so lange dreht, bis wir selbst aussteigen! Dann ändern wir endlich mit Gottes Kraft den, den wir einzig und allein wirklich ändern können: uns selbst!

Macht zeigt Machtlosigkeit

Bei den Ego-Seiten des Menschen geht so vieles um Macht, weil das Ego so machtlos ist! Wozu Machtkämpfe, wenn wir nicht fürchten, dass uns jemand die Macht streitig machen könnte. Und solche Kontrahenten gibt es immer, wenn man nicht der Herzensmacht die Priorität gibt. Und irgendwann ist der Kontrahent stärker und die Hochphase des Sieges wird durch die Baisse der Niederlage abgelöst. Ein Spiel, das immerfort weitergeht, bis der Mensch aussteigt und sich wieder der ewigen und unendlichen Liebe des Seins hingibt.

Und selbst die Menschen, die ihre Siegesposition mit gigantischem Waffenarsenal und betrügerischen Systemen, die sie immer In die Vorteilsstellung bringen sollen, verewigen wollen, leben in einem immensen Selbstbetrug und einer trügerischen Illusion. Wo ist ihre Macht, wenn ihnen das Leben den Hahn zudreht. Ihr Lebensumfeld ist begrenzt auf Ihresgleichen. Und sie können Menschen nur so lange anzapfen, wie es Menschen gibt, die sich anzapfen lassen.

Erwartungen und Konflikte

Wie schnell gibt es Konflikte! Einer erwartet etwas vom anderen. Der aber hat anders geplant und erfüllt die Erwartungen nicht – und schon schwelt es. In Gedanken geht es los: „Wie kann der nur?! Das bisschen Hilfe darf man doch wirklich erwarten", denkt der Erwartende. Diese Gedanken beschäftigen den anderen: „Habe ich jetzt etwas falsch gemacht? Ist der jetzt böse auf mich? Wird der mich jetzt meiden? Sollte ich vielleicht doch...?"

„Aber nein!" Nach allem Leiden im Strudel der Vorwürfe erwacht die Konterreaktion: „Was glaubt der denn! Der soll mich mal! Der hat auch nicht! Und der tut immer so nett!" usw. So dreht sich das Karussell, der Kampf beginnt. Am

Schluss weiß keiner mehr so recht warum. Jeder weiß nur, der andere ist schuld.

Solche kleineren und größeren, ja riesigen und uralten Energiestrudel gibt es in dieser Welt zuhauf. Und oft kommt keiner der darin Verwickelten auf die Idee, sich durch das Bewusstwerden wieder aus der Verwicklung heraus zu ent-wickeln.

Viele der vielen Verwicklungen von uns Menschen sind bisweilen so verdrängt und diffus, dass wir Menschen sie gar nicht mehr als Verwicklung wahrnehmen. Wir erleben sie nur noch als Gedanken- und Gefühlsunruhe, als Angst, als Enge, als Depression, als Energielosigkeit, als körperli-che Beschwerden...

Das alles müsste nicht sein, wenn wir uns mehr mit der Bitte um Hilfe an das göttliche Bewusstsein in uns wenden würden. Gott möchte uns entwickeln.

Erwartungen sind destruktiv

Herr K. gestaltet sehr gerne schöne Websites und betreibt dieses Hobby seit Jahren aus vollem Herzen. Er hat viele

Ideen, es macht ihm Spaß, und die Ergebnisse sind brillant. Das hat auch sein Chef mitbekommen, und er bietet ihm an, sein Hobby auch für die Firma beruflich ausüben zu können. Gerne nimmt Herr K. das Angebot an.

Doch erstaunlicherweise macht ihm plötzlich das Gestalten von Websites keine Freude mehr. Was ihn früher erfüllte, wird jetzt zur Belastung. Was ist passiert? Sein Chef hat große Erwartungen in ihn gesteckt. Er soll in kürzester Zeit die fade Geschäfts-Homepage auf Vordermann bringen, brillante Ergebnisse liefern.

Erwartungshaltungen machen Druck, denn hinter Erwartungshaltungen stecken Machtprogramme. Wer Erwartungen hat, will seine Vorstellungen umgesetzt sehen. Um seinen Erwartungen Nachdruck zu verleihen, hält er die für Machtansprüche übliche Palette an Drohungen bereit. Wird die Erwartung erfüllt, gibt es Lob und Zuckerbrot, bei Nichterfüllung aber Abwertungen und möglicherweise Sanktionen. Wer seine Erwartung nicht erfüllt, ist eine Enttäuschung. Er gibt nicht das her, was man „erwarten konnte". So einen kann man nicht brauchen...

Dieser ganze Erwartungsdruck lastet auf Herrn K., der damit nicht umgehen kann. Es macht ihm Angst. Die Angst blockiert sein Potential, denn Angst ist Enge - und so wird aus Lust Frust!

Was kann Herr K. tun?

Sich bewusst machen, dass seine Lustlosigkeit konkrete Ursachen hat, die es ins Oberbewusstsein zu holen gilt. Erfasst Herr K. die Ursachen, so kann er sich schon einmal an der befreienden und Energie bringenden Erkenntnis freuen, die ihm ermöglicht, mit seinen Mitmenschen bewusst anders umzugehen, als es der Chef mit ihm tut. Er weiß jetzt aus eigener Erfahrung, wie Erwartungen Energien blockieren, und bemüht sich darum, seine eigenen Erwartungshaltungen anderen gegenüber mit Verständnis und Einfühlungsvermögen zu ersetzen. Das ist natürlich kein leichtes Unterfangen, fördert aber das Verständnis für die Erwartungshaltungen seines Chefs.

Dies wiederum schafft die besten Voraussetzungen, dass auch sein Chef ihm gegenüber Erwartungen abbauen kann.

Schließlich macht Herr K. sich noch bewusst, was schlimmstenfalls passieren könnte, wenn er die Erwartungen des Chefs enttäuscht: Imageverlust, Entlassung, üble Nachrede.... Das alles ist zwar schrecklich, aber lang nicht so schlimm wie die Enge, Freudlosigkeit und Unfreiheit, die der

Versuch mit sich bringt, die Erwartungen des Chefs zu erfüllen. Nur wer aus der inneren Freiheit lebt, hat Energie und Freude. Nur der kann sein Bestes geben, und mehr braucht es nicht. Wenn der Chef etwas anderes oder noch mehr erwartet, ist das sein Problem! Damit muss der Chef fertig werden.

Unbemerkte Gewalt

Wann beginnt Gewalt? Dann, wenn wir einem anderen Geschöpf unseren Willen aufzwingen wollen. So betrachtet, gibt es viele Formen der Gewalt. Nicht nur die eigentliche Gewalttätigkeit ist dann Gewalt, sondern auch viele andere, sanftere Formen, die wir oft gar nicht als solche wahrnehmen. Verurteilungen, Abwertungen, Erwartungen sind Formen der Gewalt, die andere einschränken. Jemand benimmt sich nicht so, wie wir es erwarten, und dafür verurteilen wir ihn. Das ist Anwendung von Gewalt.

Auch wenn diese sanften, unbemerkten Formen der Gewalt in unserer Gesellschaft „normal" sind, sind es trotzdem Gewaltanwendungen, die Reaktionen auslösen können, die auch wieder Gewalt beinhalten. So kann die unbemerkte

Gewalt über Etappen eskalieren zu weniger sanften Formen bis hin zur brutalen Gewalttätigkeit.

So beginnt die sichtbare Gewalt, die wir ja alle nicht wollen, ganz klein und versteckt. Selbst die Gigaformen der Gewalt, wie z.B. Kriege, haben ihren Ursprung in diesen sanften Formen. Darum, wer Gewalt nicht mag, sollte im Kleinen beginnen. Genau das Gleiche gilt natürlich auch für den Frieden. Auch er beginnt ganz, ganz klein!

Der tägliche Kampf

Es gibt nur zwei Möglichkeiten in der zwischenmenschlichen Beziehung: Entweder man ist sich eins oder man ist sich uneins. Ist man sich uneins, so lebt man energetisch – mindestens im Punkt der Uneinigkeit – getrennt voneinander. Man geht sich, soweit möglich, aus dem Weg. Möglicherweise bildet das gegenseitige Verständnis wieder eine Brücke. Kann man sich jedoch nicht aus dem Weg gehen und fehlt das Verständnis füreinander, dann folgt zwangsweise der Kampf gegeneinander.

Da wir heute glücklicherweise den körperlichen oder gar kriegerischen Konflikt zu meiden versuchen, kommt es manchmal zum Schlagabtausch in Worten – in der deutschen Politik ist das Kult – oder zu anderen „kultivierten" Streit-Handlungen oder Kompensationen. Kommt es jedoch auch dazu nicht, so finden die Kämpfe umso heftiger in unseren Gedanken und Gefühlen statt – oft unbewusst, und damit in unserem Körper: im Kopf, aber auch im Bauch, im Magen, im Unterleib, in den Geschlechtsorganen – dort werden dann Spannungen abreagiert – in den Beinen und Füßen. Die meisten nehmen diese Kämpfe nur als körperliche Beschwerden wahr.

In uns gibt es eine Quelle, die jedem helfen will, seine Konflikte und Kämpfe bewusst zu machen und zu lösen, damit wir wieder zur Einheit und somit zur Mitte zurückfinden. Es ist das göttliche Bewusstsein in uns. Wer sich dieser Urquelle, die immer und unaufhörlich da ist, öffnet, sie um Hilfe bittet und auf sie hört, der wird immer freier und ist auf dem Weg zurück zu seinem wahren Selbst. Er lebt mehr und mehr selbst-bewusst!

Nicht alle Konflikte können schnell gelöst werden, weil es zum Lösen immer zwei oder viele braucht. Dem Lösungswilligen aber hilft die Brücke, das Verständnis. Wem es gelingt, einen Mitmenschen in seinem Sosein zu verstehen, der muss nicht mehr gegen ihn kämpfen – also ihn nicht mehr verurteilen – und das macht ihn frei, selbst wenn der andere weiter kämpft, weil die Konflikt-Resonanz aufgehoben ist.

Wer hat Recht?

Kennen Sie einen Menschen, der nicht glaubt, Recht zu haben?

Unser menschliches Denkvermögen übersteigt bei Weitem die Kapazität jedes noch so modernen Supercomputers. Das Denken arbeitet mit einer gigantischen Geschwindigkeit, und fortlaufend wertet das Gehirn unvorstellbar viele Daten aus der Umwelt aus, vergleicht, kombiniert, gibt Anweisungen... Eine phänomenale Leistung! Wen wundert es da, dass der Besitzer dieses unfassbaren Berechnungssystems glaubt, dass er Recht hat. Und er hat es – systemimmanent betrachtet – auch!

Nur, was er nicht erfasst, ist, dass ,falsche' Daten ins System gelangen können. Das heißt, dieses Berechnungssystem kennt kein Richtig oder Falsch, es arbeitet mit den Prämissen, die wir ihm vorgeben.

Glauben wir z.B., dass Fische weniger wert sind als wir Menschen, dass es mehr oder weniger nur Maschinen sind, die einen Instinkt haben, die aber nicht wie wir Menschen bewusst Leid, Angst oder Schmerz wahrnehmen können, dann macht das System andere Verknüpfungen als wenn wir ihm eingeben, dass Fische genauso wertvolle Geschöpfe sind wie wir Menschen und auch Angst haben, Schmerz verspüren, gerne glücklich in der Gemeinschaft leben und auch unter Trennung leiden usw. Bei ersterer Prämisse vermittelt das System dem Menschen beim Anblick eines Fischerbootes z.B. romantische Gefühle oder feine Fischspezialitäten... bei letzterer Prämisse aber brutales Elend, Leiden, Angst, Trennungsschmerz usw.

Mit anderen Worten: das System arbeitet mit unseren Eingaben, mit unseren Glaubenssätzen, mit unseren Vorstellungen.

Warum fällt es so vielen Menschen schwer, Entscheidungen zu treffen? Immer soll „wer anderes" sagen, was man tun soll, wie man handeln soll... Im System ist möglicherweise programmiert, dass selbst bestimmtes Entscheiden Schmerz bedeutet und man dies darum vermeiden soll. Diese Vorstellung kann die Folge schlechter Erfahrungen sein: z.B. die erlebte Strafe des Vaters oder der Mutter, wenn man sich etwas genommen hat oder etwas gemacht hat, ohne zu fragen. Oder die Drohungen und Sanktionen der Justiz oder religiöser Vorbilder oder Institutionen oder anderer Machthaber, oder die erlebten Wertungen der Mitmenschen bei einem Fehlverhalten...

Unser Denkapparat ist also zweifellos genial, wenn es aber darum geht, sein Leben zu meistern, oft ungeeignet. Was tun?

Benutzen wir doch unseren Denkapparat einfach als wunderbare Hilfe, um sich in der Vielheit dieser Welt zurecht zu finden, nicht aber als Ratgeber! Dafür gibt es das Herz!

Fakt ist: Im Kopf können wir nur ‚be**haupt**en' – und somit mit anderen Menschen streiten. Wir erleben unsere eigene Programmierung. An der können wir natürlich etwas verändern. Wir können uns umprogrammieren. Doch wer sagt uns, wie wir uns umprogrammieren sollen? Welche Leit- und Glaubenssätze die richtigen sind?

Nur das Herz! Es ist die Instanz in uns, die über der menschlichen Programmierung steht und die uns, so wir das wollen, zu ganz neuen Sichtweisen führt, zu Klarheit, zu Verständnis und Wohlwollen und zu einem Gefühl der Freiheit und des Friedens, und die uns von innen her freudig und glücklich macht und mit wohltuender Energie belebt. Diese Energie ist es auch, die uns gesund macht und fit hält und die uns ein erfülltes und bewusstes Leben schenkt. Diese innere Instanz ist die Urinstanz des Seins: das ewige Bewusstsein: Gott, der Urgrund allen Seins.

Wer verdient das Sagen?

Wer hat das Sagen in den kleinen und großen Machtkämpfen, die hier auf dieser Erde in allen Schichten und auf allen Ebenen unaufhörlich gekämpft werden? Wessen Ansicht verdient es, zu dominieren? Wer weiß es wirklich besser als der andere? Soll einfach das Recht des Stärkeren entscheiden? Oder das Recht des Cleveren? Des Fieseren? Des Mieseren? Des Trickreichsten?
Soll der entscheiden, der sich am besten behaupten kann? Oder andere besser betrügen kann? Oder am meisten Drohpotential hat? Am Furchterregendsten ist? Die meisten Waffen hat? Am Rücksichtslosesten ist?

Warum wendet sich eigentlich für die Konfliktlösung kaum jemand Hilfe suchend an die Lebensquelle in uns, an das göttliche Bewusstsein, das jedem von uns allen gerne jeden

Augenblick und bei allen Anliegen helfen würde, wenn wir das nur wollten? Warum will das kaum jemand?

Ohne unser ausdrückliches Wollen kann, bzw. darf die göttliche Quelle uns nicht helfen, denn sie berücksichtigt immer unseren freien Willen. Haben wir Menschen diese große Kraftquelle des Lebens einfach noch nicht entdeckt?
Wie auch immer: Wer sie entdecken will: Sie ist jeden Augenblick da! Wo? In jedem von uns!

Wann fließt und hilft sie? Jetzt, wenn wir das wollen! Voraussetzung ist die Bereitschaft, der ewigen Quelle in uns ehrlich, mit offenem Herzen alles, was uns bewegt, anzuvertrauen....

Herz vor Verstand

Der Verstand zählt uns tausend Gründe auf, warum wir negativ denken müssen und warum alles positive Denken und Fühlen falsch, sinnlos, verdrängend, belastend, zeitraubend, Energieverschwendung und Illusion ist.

Das Herz aber sagt: Es gibt keinen Grund, negativ zu denken und zu fühlen. Auch die Polarität dieser Welt ist kein

Grund. Wer mit dem Herzen geht, darf sich unaufhörlich auf den positiven, erlösenden, befreienden, glücklich und freudig machenden Fluss des Lebens ausrichten und mit ihm schwingen. Keiner muss sich auf die düsteren Wolken konzentrieren, die den Himmel schwärzen. Wir können sie aus dem sicheren Herzenshaus anschauen, aber unbeteiligt vorüber treiben lassen und sich am Licht der Sonne freuen, die auch durch die Wolkenwand strahlt. Und plötzlich ist der Himmel wieder blau.

Ego oder Stille

So lange wir Menschen unsere Ego-Komplexe leben, nimmt die Stimme im Kopf den größten Teil unserer Aufmerksamkeit in Anspruch. Wir können nicht einfach nur sein, sondern alles, was wir wahrnehmen und erfahren, muss vom Verstand benannt, interpretiert, mit anderem verglichen, beurteilt (oft verurteilt) und als gut oder schlecht bewertet werden. Es denkt laufend, die Stimme im Kopf kommentiert alles.

Für die meisten Menschen ist das ganz normal und sie finden es auch gut so – so lange sie nicht die innere Ruhe und Stille suchen.

Wer genug von der menschlichen Alltagshektik hat, genug vom Trubel und vom Stress, genug vom sich Beweisen- und Darstellen-Müssen, auch genug von der äußeren Zerstreuung und der Unterhaltungsvielfalt und sich einfach nur nach Ruhe und innerer Stille sehnt, wird überrascht feststellen müssen, dass er die nicht so leicht findet. Mal ein wenig mehr schlafen, das geht gut. Aber einfach nur zu sein und die Ruhe und innere Stille zu genießen, das ist nicht so leicht. Auch wenn wir nichts müssen und keine Verpflichtungen haben, ist trotzdem nicht einfach nur die Ruhe und Stille da – die Gedanken und dazugehörenden Emotionen rattern laut weiter und lassen uns keine Ruhe! Auch mit der innerer Weite will es nicht so klappen, es bleibt die Enge des Kopfes.

Da probieren wir es dann mit Techniken, Atemübungen, beruhigenden, meditativ gesprochenen Worten, sanfter Musik usw. Aber irgendwie lassen uns die Ego-Komplexe doch nicht in Ruhe. Die Stimme im Kopf muss alles kommentieren und den guten Ansatz von Geistigkeit mit fieser Kritik vernichten.

Immerhin haben wir eines vielleicht jetzt begriffen: Der Kopf und der laute Gedankenapparat, sprich das Ego, ist nicht die Krone der Schöpfung, wie wir bisher gemeint haben. Das Ego empfinden wir nur so lange als nicht störend, wie wir seinen Willen erfüllen und es uns unangefochten beherrschen darf.

Blick dem Ego ins Gesicht

Wir Menschen sind oft damit beschäftigt, zu kriechen und zu opponieren, und damit sind wir am Reagieren oder Abreagieren. Das erkennen wir an den Minderwertigkeitsgefühlen oder an den Überhöhungen und Prahlereien, an den Aggressionen, an den Selbstdarstellungen, oft auch daran, wie wir uns kleiden, welche Frisur wir wählen, wie wir gehen, wie wir uns zeigen, an der Körperhaltung…. Und natürlich stark auch an vielen sexuellen Neigungen und Wünschen oder an der Verdrängung dieser Wünsche.

Frei sind wir, wenn wir bewusst agieren, d.h. bewusst aus unserem Selbst heraus leben. Wie kommen wir zu dieser Freiheit?

Indem wir das höchste Bewusstsein in unserem Inneren bitten, uns in unserem Sosein zu führen und uns zu einem bewussten und wachen Leben zu verhelfen. Dann fangen wir an, uns im Augenblick unverblümt, aber verständnisvoll wahrzunehmen, wie wir wirklich sind. Das ist ein wichtiger Schritt, um zu erwachen und herauszufinden aus dem engen Ego-Gefängnis, um mehr und mehr wieder aufzugehen in der großen Freiheit des göttlichen Seins.

Zulassen statt verdrängen

Bin ich glücklich? Bin ich dankbar? Bin ich voller Freude? Fühle ich mich frei? Bin ich erfüllt? Wenn nicht, was bin ich dann?

Diese Fragen überdecken wir Menschen oft mit vielen äußeren Aktivitäten und Ablenkungen. Wir verdrängen sie.

Das göttliche Bewusstsein möchte, dass wir alle von tiefstem Herzen erfüllt, glücklich, frei und dankbar sind und vor Freude tanzen. Was dem Glück, der Erfüllung, der Freude, dem Dankbarsein und der Freiheit im Wege steht, kommt nicht von ihm. Das erschafft der Mensch selbst mit eigenwilligen Gedanken, eigenwilligen Glaubenssätzen und eigenwilligen Seinseinschränkungen.

Den eigenen Schatten anschauen

Wir Menschen haben alle Eigenschaften und Wünsche, mit denen wir uns nicht identifizieren wollen oder dürfen, weil sie nicht gesellschaftskonform sind, nicht mit der herrschenden Ethik und dem Zeitgeist vereinbar sind. Da es aber trotzdem Eigenschaften von uns sind, entspricht das Nichthabenwollen bzw. Nichthabendürfen einem Verdrängen. Wir zwingen die ungewollten Eigenschaften und Wünsche in ein Schattendasein, in eine Schattenwelt, von der aus sie weiter auf uns einwirken, ohne dass uns das bewusst ist.

Aus der Ansammlung unterdrückter Eigenschaften kann sich sogar ein ganzes Schattenreich aufbauen, das einem einzelnen Menschen oder sogar einer ganzen Gesellschaft das Leben schwer und bedrohlich macht. Nur allzu gern schieben wir dann diese unbewussten und darum dunklen Seiten unserer Seele dem Teufel zu oder stellvertretend dafür Sündenböcken, z.B. Menschen, bei denen der Schatten augenfällig und unkontrolliert durchgebrochen ist.

Wer frei werden will, um in der Gegenwart zu leben, kommt nicht darum herum, auch die verborgenen Seiten seiner Seele anzuschauen und zu verstehen.

Einen Weg, wie wir den eigenen Schatten aufspüren und konfrontieren, um ihn schließlich anzunehmen und lichtbringend ins Leben zu integrieren, zeigt uns der Arzt und Psychotherapeut Rüdiger Dahlke auf mit seinem Buch: "Das Schattenprinzip. Die Aussöhnung mit unserer verborgenen Seite".[13]

Wie schon in vielen seiner bemerkenswerter Bücher (vgl. z. B. "Krankheit als Sprache der Seele"[14] oder "Die Schicksalsgesetze"[15]) zeigt er uns auch im "Schattenprinzip" wieder mit einfachen, verständlichen, aber klaren Worten und einleuchtenden Beispielen Grundwahrheiten auf, die einen suchenden Menschen weiterbringen.

Aus eigener Erfahrung kann ich allerdings sagen:
Wenn wir so mutige Schritte wagen, uns bewusst mit unserem eigenen Schatten zu konfrontieren, ist es wichtig zu wissen, dass wir diese Schritte nicht alleine gehen müssen. Wir können die Führung des göttlichen Bewusstseins erbitten, das uns dann in allen Situationen helfend zur Seite steht! Gerade wenn durch Schattenarbeit unter Umständen starke Emotionen, brutale Wertungen und tiefe Ängste auftauchen, ist es ein großes Geschenk - wenn nicht sogar rettend - sich der gütigen und sicheren Führung des allerhöchsten Bewusstseins sicher zu sein!

Der arme Schlucker

Wer sich alles gefallen lässt und seine Emotionen immer nur schluckt, statt sie mal zuzulassen, wird mehr und mehr zum armen Schlucker. Die gestauten, verdrängten Energien liegen ihm im Magen und der Körper muss verdauen, was der Schlucker auf der Bewusstseinsebene nicht tut. Wenn der Magen-Darm-Trakt dann irgendwann damit überfordert ist, wird der Schlucker energielos und körperliche und psychische Beschwerden (z.B. Depressionen) begleiten ihn.

Wenn der arme Schlucker dann irgendwann genug hat, alles immer nur zu schlucken und anfängt, seine Emotionen raus zu lassen, kann das unter Umständen nicht nur in ihm sondern auch in seiner Umgebung, die ja gewohnt war, dass er alles schluckt, ganz viel auslösen und bewegen, zumal gestaute Energien auch mit großer, explosionsartiger Wucht oder in höchst unzivilisierter Form hervorbrechen können. Dem Schlucker geht es dadurch zwar kurzfristig besser, den höllischen Trubel aber, den er mit seiner Ehrlichkeit auslöst, und die erbosten Gegenattacken oder die Hoffnungs- und Fassungslosigkeit der Attackierten, wenn es nicht sogar traurige Opfer gibt, lassen ihm bald die Freude an der neu gewonnenen Freiheit vergehen.

„So war es nicht recht und so ist es nicht recht", beklagt sich der Schlucker, „beides führt in die Hölle. Wie man es auch macht, ist es falsch." Ist also alles irgendwie hoffnungslos?

Solange wir Menschen in der Begrenztheit und in der Enge unseres Egos bleiben, ist unser aller Tun und Bemühen tatsächlich immer irgendwie hoffnungs- und aussichtslos! Wir bleiben in den kleineren und größeren Kämpfen und Kriegen des Egos mit all den ungewünschten Folgen stecken. Ego-Hoffnungen entpuppen sich als Illusionen. Vielleicht fühlen wir uns als Sieger und Profiteur kurzfristig besser, aber das ist nicht von Dauer und die Gegenseite holt uns irgendwann ein.

Was ist die Lösung für den armen Schlucker? Sicher nicht, weiter alles zu schlucken. Aber auch nicht, die niederschmetternde Kraft gestauter Aggressionen ungeniert raus zu lassen.

Zulassen, also die gestaute Energie mit Gottes Hilfe beobachtend fließen lassen, ist die Lösung. Bewusst machen, was abläuft und was man ständig schluckt und seinem Körper zumutet. Öffnet der Schlucker mit seiner Entscheidung die inneren Türen für das göttliche Bewusstsein, so hat er in ihm einen wunderbaren Therapeuten, dem er alles ungeniert und ungeschminkt ehrlich anvertrauen kann, was ihn bewegt, was ihn beschäftigt, was ihn belastet, wie es ihm geht, welche Wut und welchen Zorn er hat usw.. Das Bewusstsein antwortet ihm laufend mit tiefen Aha-Erlebnissen und einem erlösenden Gefühl der Ruhe, Sicherheit, Freiheit, Weite und Geborgenheit.

So wird der arme Schlucker freier und reicher, die Beschwerden verringern sich, und er lernt, seine Bedürfnisse und seine Standpunkte nach außen, von innen gestärkt, zu vertreten. Am Anfang ist das vielleicht noch schweißtreibend, der Körper zittert, die Stimme ist gedämpft oder überlaut, nach und nach aber geht es besser und das Zu-sichstehen wird normaler und zum Bedürfnis. Aus dem Inneren schöpft er die Kraft, die Entwicklungsschritte durchzuziehen und das Anstehende umzusetzen. Je freier er seine Bedürfnisse vertreten kann, desto mehr lässt ihn das Bewusstsein auch die Bedürfnisse und die Sichtweise der anderen Menschen verstehen und achten, und das Gemeinschaftliche gewinnt an Raum.

Selbstverständlich spricht nichts dagegen, den beschriebenen Bewusstseinsprozess noch von einem guten, äußeren Therapeuten begleiten zu lassen.

Sollten wir jetzt denken: „Zum Glück bin ich kein armer Schlucker", dann könnten wir uns täuschen. Denn würden wir Menschen mit Hilfe des göttlichen Bewusstseins laufend unsere Blockaden und engen Vorstellungen lösen, die unser wahres Wesen an der Entfaltung hindern, dann würde uns allen schon längst ein ganz anderer Bewusstseinszustand Glück, Freude und Erfüllung bescheren. Noch steht so vieles auch in unseren so genannt zivilisierten Ländern auf dem Kopf. Niemandem ist es verwehrt, in seinem Leben so Manches auf die Füße zu stellen.

Die Freiheit in uns

Wenn wir auf unser Ego bauen mit seinem begrenzten Verstand, mit seinen begrenzten Vorstellungen, Meinungen, und Gefühlswallungen, mit seinem Richten und (Ver)Urteilen, dann ist das so, wie wenn wir ein Haus auf Sand bauen. Es fällt immer wieder zusammen. Mit einem anderen Bild ausgedrückt: Wir treiben im Ego-Schwingungsmeer und werden von Wellen und Strömungen herumgewirbelt und herumgeworfen. Vielleicht treiben wir mal mit einer großen Welle kraftvoll voran, schon aber bremst uns das Ufer oder eine Gegenwelle wieder, und wir werden zurückgeschleudert und wirbeln hilflos herum, blind Kräften ausgeliefert.

Was ist der Ausweg? Auf den Felsen in der Brandung bauen, wie es uns die christliche Symbolik lehrt. Sein Haus auf ein gutes Fundament bauen, so dass es auch den Winden und Stürmen standhält.

Was ist dieses Fundament? Das göttliche Bewusstsein, das in uns allen wohnt und das der Lebensstrom in uns allen ist, der Christus, der Erlöser, in uns, das Licht in uns, der Heiler in uns, der gute Hirte in uns oder wie auch immer wir diesen erlösenden, ruhenden, uns führenden und befreienden geistigen Pol in unserem Herzen nennen wollen.

Die Grundsituation von unserem Ego heißt: Hilflosigkeit und Orientierungslosigkeit. Wir wissen als Ego nicht wirklich, was „richtig" ist (als Kind Gottes schon). Wir sind als Ego Getriebene, an Interessen Gebundene. Und die Fachleute und die ExpertInnen und die PolitikerInnen und die JournalistInnen und die Hintermänner/frauen wissen es als Ego auch nicht besser. Wenn sie sich nicht vom ewigen Bewusstsein führen lassen, werden auch sie lediglich von dem von eigenwilligen Interessen geprägten Zeitgeist bestimmt.

Was ist die frohe Botschaft?

Jesus soll zu seinen Jüngern gesagt haben, sie sollen hinausgehen und die frohe Botschaft verkünden. Was ist denn das für eine frohe Botschaft?

Es ist die frohe Botschaft, dass es einen Ausweg aus dem Sumpf des Egos gibt, einen Ausweg aus der Gefangenschaft der selbst geschaffenen Ego-Komplexe. Einen Ausweg aus dem immerfort Kämpfen- und Streitenmüssen. Einen Ausweg aus dem immerfort Sichbeweisenmüssen, Besserseinmüssen, Siegenmüssen, Überdemanderenstehenmüssen. Einen Ausweg aus den Rivalitäts- und Machtkämpfen. Einen Ausweg aus der Selbstdarstellung und den Minderwertigkeitsgefühlen. Einen Ausweg aus dem Müssen statt Dürfen. Heraus aus dem Schein und zurück ins Sein. Einen Ausweg aus der Enge des Ego-Bewusstseins.

In uns selbst, in unserem Herzen – und zwar in jedem von uns – ist die erlösende Kraft, die einen aus dem Sumpf herausführt. Es ist das göttliche Bewusstsein, das jedem hilft, der sich helfen lassen will.

Wer sich helfen lassen will, für den ist jetzt der Augenblick gekommen. Jetzt, also immer, hat der, der will, die Möglichkeit, sich offen und ehrlich dem helfenden Bewusstsein

anzuvertrauen und sich so von innen her über die Bewusst-
seinserweiterung führen und helfen zu lassen.

Urlaub im Himmel

Es ist ein Geschenk unserer Zeit, dass viele Menschen hier
in Europa auch regelmäßig Freizeit und Urlaub haben. Das
war leider nicht immer so. Wer freut sich nicht, selbst über
seine Zeit bestimmen zu dürfen? Wer geht nicht gerne in
den Urlaub? Verbringt seine Zeit unter der Sonne, am Meer,
am See, in der Natur, in den Bergen, mit Freunden und
Bekannten in geselliger Runde...

Wer mag, kann das Wochenende und freie Abende auch für
kleine, erholsame, entspannende, frei und glücklich machende Himmelsurlaube nutzen, für kleine Trips nach innen
zum göttlichen Bewusstsein der Liebe, das in jedem von uns
wohnt und uns, so wir das wollen, Hilfe und Geborgenheit
schenken möchte.

Sprechen wir in unserem Inneren mit unseren Himmelsfreunden, den Engeln, und mit Gott. Erzählen wir ihnen all
das, was wir auf dem Herzen haben. Und geben wir ihnen
den Dank für all das, wofür wir Grund haben, dankbar zu

sein. Denn alles Gute kommt von ihm, dem ewig reinen Bewusstsein.

Kein Urlaub ist so erholsam wie der Urlaub im Himmel!

Der Weg des Bewusstseins

Stellen Sie sich vor, Sie befinden sich in einem dunklen und völlig schalldicht abgeschlossenen Raum, in dem Sie nicht die Hand vor Ihren Augen sehen. Sie sitzen in einem sehr bequemen Sessel und niemand anderes ist da. Alles ist still, kein Laut zu hören, außer Ihr Atem, und nichts zu sehen. Nichts Äußeres stört, Sie sind ganz mit sich allein.

Muss da eine wunderbare Stille sein und eine angenehme, wohltuende Ruhe! Oder?
Möglicherweise weit daneben! Es rattern die Gedanken. Bilderketten laufen ab. Es drängen Gefühle. Vielleicht kommen Ängste. Eine Unruhe macht sich breit. Die äußere Welt ist weg, eine innere Welt tut sich auf. Die kann schön sein, aber auch das Gegenteil ist möglich, weit häufiger sogar.

Manche merken jetzt, dass die gefühlte Hektik, die drängende Unruhe, das Zappeln und Zucken nicht nur mit der äußeren Welt zu tun haben. Man merkt plötzlich, dass das Äußere gar nicht so entscheidend ist. Man kann an einem ruhigen Ort sein und ist unruhig. Man kann am schönsten Ort sein und glückliche Situationen erleben, und dennoch sich unglücklich und unzufrieden fühlen. Man kann mitten unter vielen Menschen sein und sich trotzdem einsam fühlen. Natürlich ist auch das Umgekehrte möglich. Mitten in der Hektik ist man die Ruhe selbst usw.

Nicht die äußeren Umstände entscheiden letztlich über Glück und Zufriedenheit, sondern der innere Gefühlszustand. Glück und Unglück sind Seelenzustände. Ebenso hat unser Gesundsein und unser Kranksein sehr viel mit unserem aktuellen Seelenzustand zu tun.

Verinnerlichung als Brücke zur Seele

Verinnerlichung ist der Weg, diese inneren Welten wahrnehmen, kennen und verstehen zu lernen. Verinnerlichung ist der Weg, die Seelenzustände zu finden, nach denen wir uns alle tief sehnen: Geborgenheit, Stille, Ruhe, Glück...

Solange es in uns laut ist, sind wir in Hektik, in Unruhe, es passiert auch viel im Äußeren und Krankheiten sind möglich. Erst in der inneren Stille erleben wir, wonach wir uns sehnen. In der Stille erfahren wir den Lebensstrom, der uns erquickt und mit Energie füllt. Die beseelten Gedanken und Gefühle sind dieser Lebensstrom. Und der Lebensstrom ist der Weg, der uns wieder von innen her frei und glücklich macht und uns zurückführt in das Leben, in das Licht- und Energiemeer, das unser wahres Zuhause ist, zurück in das Bewusstsein der großen Einheit „Leben".

Wann immer es uns gelingt, in der Stille mit uns selbst eins zu sein, füllen wir uns mit Lebenskraft und somit mit Heilkraft auf und unser Bewusstsein wächst.

Dabei macht wie bei allem die Übung den Meister. Durch häufiges Nachinnengehen und Nachinnenspüren und -sehen werden wir auch im Alltag bewusster, wacher und merken schneller, wenn wir nicht authentisch sind, wenn wir etwas Aufgesetztes leben, statt uns selbst zu sein. Probleme und selbst Krankheiten können so von innen erfasst und gelöst werden. Der Lebensstrom übernimmt mehr und mehr die Führung in unserem Leben.

Weg – Wahrheit - Leben

„Ich bin der Weg, die Wahrheit und das Leben" sind die bekannten Worte von Jesus von Nazareth. Ganz schön hochnäsig, mag der eine oder andere denken. Nicht aber der, der erfasst, dass hier nicht das Ego eines Menschen spricht, sondern dass hier ein Mensch ausdrückt, was das göttliche Bewusstsein in ihm und in uns allen über sich selber sagt. Es drückt in wenigen Worten eine geistige Grundwahrheit aus, ein geistiges Grundgesetz. Wer das begriffen und verinnerlicht hat, hat den Schlüssel fürs Leben in der Hand.

„Ich bin der Weg, die Wahrheit und das Leben" besagt: Wann immer ein Mensch wahrhaftig ist, dann fließt in ihm die Lebenskraft, dann strömt in ihm der Lebensstrom. Und dieses Leben ist der Weg für uns alle, der uns zu unserem wahren Selbst zurückführt.

In jedem Augenblick fließt das Leben in uns, wenn wir echt sind, wenn wir wahrhaftig sind, wenn wir uns nichts vormachen, sondern grundehrlich ausdrücken, wie es uns geht, was wir wirklich in der Tiefe fühlen und empfinden, was wir wirklich denken. Eine befreiende, wohltuende, uns weit und umsichtig machende Energie füllt uns dann aus, und es wird hell und licht in uns.

Zu dieser tiefen Echtheit, zu der Wahrhaftigkeit, können wir alle in jedem Augenblick Schritt für Schritt weiter finden, wenn wir das wollen. Es ist ein schöner, befreiender, freudig und glücklich machender Prozess. Wir können dabei das

Leben selbst ansprechen und es um Hilfe und Führung bitten. Wer sucht, der findet...

Eins sein mit dem Leben

„Der Vater und ich sind eins" – dies ebenfalls bekannte Worte von Jesus von Nazareth. Er drückt damit aus, dass sein Bewusstsein – mindestens in diesem Augenblick – in Einklang mit dem Lebensstrom, mit dem göttlichen Bewusstsein ist. Er denkt, fühlt und handelt also nicht als Ego, sondern als Kind Gottes, als Kind der Urintelligenz des Seins.

Eins sein mit dem Gottesgeist ist kein Privileg für Auserwählte, sondern der für uns alle vom Leben vorgesehene, natürlichste Seinszustand. Wir alle können immer mehr und mehr die Resonanz, also den Einklang mit dem ewigen Urgeist anstreben, wenn wir das wollen. Letzteres ist Voraussetzung!

In Einklang mit dem Leben sein bedeutet, in unserer Mitte zu sein, in der All-Einheit zu sein. Wie gelangen wir dahin?

Zu Beginn am ehesten, indem wir uns Augenblicke der Ruhe gönnen, in denen wir ungestört sind und nichts müssen. Wir setzen uns bequem hin, wo es uns wohl ist und wo wir ungestört sind, und vertrauen uns dem Leben an. Wir schließen die Augen und horchen nach innen, und wir beobachten uns. Und dabei sind wir, was wir im Augenblick sind. Wir bitten Gott um Hilfe und Führung und beobachten uns einfach nur, ohne etwas zu wollen und ohne das, was wir spüren und fühlen, zu bewerten. Wir sind jetzt einfach nur das, was wir im Augenblick sind.

Sollten wir unruhig sein, dann sind wir halt jetzt unruhig und müssen diese Unruhe nicht weghaben. Wir bewerten sie nicht. Wenn wir unzufrieden sind, dann sind wir jetzt halt unzufrieden und müssen diese Unzufriedenheit nicht weg haben. Wir dürfen sein, wer wir jetzt sind. Wenn wir jetzt traurig sind, dann sind wir halt jetzt traurig, und wenn wir jetzt fröhlich sind, dann sind wir jetzt fröhlich. Und wenn wir jetzt anders sein möchten, dann dürfen wir jetzt auch anders sein wollen, auch dieses Wollen darf jetzt sein!

Wir beobachten nur, was wir jetzt denken, was wir jetzt fühlen, ohne mit dem Kopf etwas daran ändern zu wollen. Wir beobachten uns einfach nur und machen uns bewusst, was im Moment in uns abläuft. Wir erzählen es Gott in unserem Inneren und vertrauen uns ganz seiner Führung an. Wir vertrauen ihm alles an, was wir beobachten, wer wir jetzt sind, und erwarten nichts. Und wenn wir doch etwas von ihm erwarten, dann darf auch das sein, und wir erzählen ihm unsere Erwartungshaltung….

So kommen wir allmählich zur Ruhe. Und wir machen uns bewusst, dass Gott uns liebt und bei uns ist und dass er uns behütet und beschützt. Er liebt uns und hilft uns und er freut sich, dass wir uns ihm zuwenden und ihn um Hilfe und Führung bitten. Nichts Sehnlicheres wünscht er von uns, um uns, seinen Kindern, zu helfen und immerfort beizustehen, um uns zu beglücken.

Und wir verspüren von innen her ein befreiendes und wohliges Gefühl. Und mehr und mehr werden wir wacher und unser Bewusstsein erweitert sich! Wir verspüren den Lebensstrom und die Weite und unbegrenzte Leichtigkeit des Seins. Und so vieles wird uns bewusst. Wir verstehen uns, wie wir jetzt sind und warum wir so sind - und wir verstehen auch andere in ihrem Sosein. Aber wir verstehen auch mehr und mehr, dass diese vielen Gefühle und Gedanken des Egos, die in uns täglich ablaufen und die wir zu sein glauben, wir gar nicht wirklich sind! Wir müssen uns nicht mehr mit ihnen identifizieren! Unser wahres Sein ist das

Kind Gottes, das Eins sein mit dem ewigen Bewusstsein der Liebe, mit dem ewigen Bewusstsein des Seins! Nur das ewige Bewusstsein des Seins macht uns wirklich frei! Und diesem Bewusstsein wollen wir mehr und mehr entgegen streben und in immer mehr Aspekten eins mit ihm werden!

Je öfter wir dem Leben in diesen Augenblicken der Ruhe näher kommen, desto mehr wird es auch Teil unseres Alltags. Und natürlich bleiben wir nicht immer der Alte! Es wächst in uns mehr und mehr das Bedürfnis, einiges im Leben zu ändern und von innen her ein neuer Mensch zu werden. Und so wächst das Bewusstsein weiter, und wir finden immer tiefer zum Urquell des Lebens.

Hilfe von innen

Das Leben kennt unsere Bedürfnisse, kennt unsere Wünsche und unsere Ängste und Nöte und will uns immer nur helfen, in allem die Lösung und die Befreiung zu finden! Was es braucht, ist lediglich unsere Ehrlichkeit und unsere freie Entscheidung!

Wenn wir dem göttlichen Bewusstsein, das in unserem Herzen wohnt, ehrlich alles erzählen, was und wie wir denken und wie wir uns fühlen, so erleben wir Hilfe und Einsicht von innen, und die sich anbahnenden Veränderungen im Leben sind wie offene Türen, die uns in eine Weite und in die Freiheit führen!

Das Leben berücksichtigt dabei immer unseren freien Willen und kennt keine Wertungen! So wie wir uns im Augenblick entscheiden, so geht es mit uns weiter! Der große Ozean Gott, der unendliche, unaufhörliche Lebensstrom, darf jeden Tag und jeden Augenblick, wann immer wir wollen, in Aspekten entdeckt, erlebt und gefunden werden! Und auf jeden Menschen warten jeden Augenblick Schritte und erlösende Erkenntnisse, die ihn befreien und glücklich machen und das Bewusstsein erweitern.

Und dem inneren Helfer ist es nie zu viel, wenn wir uns ihm zuwenden, auch wenn unsere Anliegen scheinbar banal sind.

Geprägt von den Vorstellungen eines strafenden Gottes haben viele Menschen Angst, sich bedingungslos dem Leben anzuvertrauen, weil sie insgeheim befürchten, dass der liebe „böse" Gott immer nur das Unangenehme abverlangt, Entbehrung und Entsagung fordert, von einem will, dass man Liebgewonnenes aufgeben muss, keine Wünsche mehr haben darf und ein Leben führen muss, wie man es eigentlich nicht möchte.

So aber ist Gott, der innere Helfer, nicht. Er möchte immer nur, dass wir das finden, was wir aus tiefstem Herzen selber gerne möchten und was uns frei und glücklich macht. Dabei berücksichtigt er unseren Bewusstseinsstand, das heißt, er möchte nie etwas von uns, was uns überfordert und uns die Freude nimmt.

Mit der Hinwendung zu Gott kommen wir zu einer tieferen Klarheit und zu einer inneren Sicherheit, und wir finden mehr und mehr die Gefühle, Gedanken und Visionen, die wir als die für uns jetzt richtigen erkennen können und die uns innerlich berühren und glücklich machen. Es fließt in uns, wir werden weiter und offener für Impulse und Ideen und sind voller Energie und Freude.

Der gute Freund in uns

Vielleicht haben Sie auch schon gedacht: Es wäre schön, wenn Sie einen guten Freund[16] hätten, dem Sie einfach alles einmal ehrlich und aufrichtig erzählen könnten, was Sie wirklich beschäftigt und was Sie eigentlich niemandem so richtig anvertrauen können. Jemanden, der zuhört und versteht, was Sie sagen und wie es Ihnen geht, und der Sie nicht gleich bewertet oder gar verurteilt oder Ihnen seine Ratschläge aufdrängen will.

Die Erfahrungen mit meinem Herzen haben mir gezeigt: Diesen aufrichtigen Freund[16] gibt es wirklich. Er wohnt in uns allen tief in unserem Herzen. Und dieser wunderbare Freund ist die Liebe und das Verständnis selbst. Und er ist auch die tiefe Weisheit, die uneingeschränkt erfasst, was wirklich ist und was wirklich hilft. Und dieser Freund kennt kein Verurteilen und keine Kritik. Er ist unendliches Wohlwollen, Wärme und allumfassende Kompetenz.

Es klingt wie ein Märchen, dass es einen solchen Freund[16] geben soll, und doch ist seine Existenz tiefste Realität! Er ist die Urrealität selbst, das unendlich und ewig reine, alles durchdringende, alles umfassende Bewusstsein, der Ursprung allen Seins. Und dieser Freund[22] ist nicht unnahbar fern, sondern wohnt in uns selbst, und zwar in uns allen, und hat jeden Augenblick, also jetzt, alle „Zeit" und alle Aufmerksamkeit für uns.

Allerdings drängt sich dieser Freund niemandem auf. Er ist immer da. Er kann, will und darf aber nur dann helfen, wenn wir seine Hilfe auch wirklich wollen, denn unser freier Wille ist ihm heilig.

Wenn wir ihn aber ehrlich um Hilfe bitten, dann ist er sofort bei uns, und auf seine Hilfe können wir zählen. Auch wenn wir ihn kopfbedingt am Anfang vielleicht noch nicht gleich fühlen und spüren, sollten wir uns ihm trotzdem zuwenden und ihm alles anvertrauen. Der Erfolg bleibt bei niemandem aus, der aufrichtig und ehrlich ist!

Wo findet man Glück?

Macht Geld glücklich?
Möglich.
Macht eine Reise glücklich?
Vielleicht.
Macht ein gutes Essen glücklich?
Denkbar.
Macht eine Beziehung glücklich?
Kann sein.
Macht Nichtstun glücklich?
Unter Umständen.
Macht Musik glücklich?
Einige.
...

Letztlich sind es nicht diese äußeren Dinge, die glücklich oder unglücklich machen. Entscheidend ist der innere Seinszustand. Wie man „drauf" ist, wie man sich fühlt, welche Beziehung man zu dem äußeren Ereignis hat. Darum, wenn Sie glücklich sein wollen, sollten Sie Ihr Glück in sich suchen, denn nur dort können Sie es finden!

Und wo dort genau? Ich habe es nur in meinem Herzen gefunden, in Verbindung mit dem göttlichen Bewusstsein. Hilfreiche Brücken zum Sein sind Dankbarkeit und Demut.

Der friedliche Ausweg

Auch wenn ein Mensch erkannt hat, dass das, was er über sich denkt und wie er sich fühlt, die Grundlage für alles ist, was ihm im Leben begegnet, kann er oft nicht einfach aufhören, negativ zu denken und zu sprechen und sich und andere niederzumachen, sich also „runterzudenken" in den Zustand des in seinem eigenen Irrgarten eingesperrten kleinen Egos.

Das liegt daran, dass die Geschichte und Gegenwart der Menschen mit ihren Macht-, Unterdrückungs- und Überlebenskämpfen tief in unseren Körperzellen und in unserem Bewusstsein sind.

Wesen, die in Einklang mit dem unbegrenzten, ewigen Urbewusstsein leben, kennen keine (Macht)Probleme. Die unendliche, schöpferische Urliebe verbindet sie in vollkommener Einheit. Ihr Leben ist die Fülle und die Leichtigkeit des Seins.

Wesen aber wie wir Menschen, die diese Einheit des Seins verlassen haben, kommen zwangsweise in eine unangenehme Konkurrenzsituation. Ihr Wesen ist nicht mehr die Einheit mit dem göttlichen Allbewusstsein, sondern der Kampf der vielen Teilbewusstseine, die sich gegeneinander durchsetzen wollen. Nicht mehr die Allvernunft hat jetzt das Sagen, sondern der Sieger im Macht- und Konkurrenzkampf.

Wie setzt man sich als bloßes Teilbewusstsein gegen andere Teilbewusstseine durch? Indem man sein eigenes beschränktes Teilbewusstsein aufwertet und andere Teilbewusstseine abwertet. Indem man dem anderen Teilbewusstsein suggeriert, weniger wert, weniger gut und weniger kompetent zu sein, und diese dadurch entstehenden (sozialen) Unterschiede mit Tricks, Drohungen und Durchsetzungsgewalt institutionalisiert und mittels künstlicher Religionen ethisch legalisiert. Was es von Natur aus eigentlich gar nicht gibt: Minderwertigkeitsgefühle, Ängste, Überheblichkeit, Selbstdarstellung, Brutalität und Gewaltbereitschaft usw. macht die Macht der Gewohnheit dann zur neuen Natur.

Was ist der Ausweg? Zurück zu unserer wahren, echten Natur, indem wir uns wieder dem göttlichen Bewusstsein zuwenden. Dank der Hilfe des göttlichen Bewusstseins erweitert sich unser Bewusstsein und wir erhalten die Fähigkeit, uns auf friedliche Weise mehr und mehr aus der Gefangenschaft der hausgemachten Egokomplexe zu befreien.

Im Schutz des göttlichen Bewusstseins können wir alle unsere verdrängten Gefühle, Emotionen, Ängste, Wertungen und Lebenssituationen als neutraler Beobachter wie „von oben" anschauen, ohne in den Reaktionen darin zu versumpfen, so dass wir uns und andere verstehen, akzeptieren, ja lieben lernen und unsere Sichtweise ändern können. Das Bedrohliche, Bedrängende, Angstmachende, Groll-, Wut- und Hasserzeugende, Leidauslösende löst sich mehr und mehr im Licht der Erkenntnis und des Verstehens auf.

Das ist der friedliche Ausweg, den das Leben jedem einzelnen Menschen anbietet. Glücklich ist, wer dieses Geschenk des Himmels erkennt und durch die tägliche Umsetzung in seinem Leben annimmt.

Der Augenblick zeigt den Gefühlszustand

Als Erwachsener verdrängen wir Menschen gerne unseren Gefühlszustand (nicht so Kinder). Darum leben wir oft lieber in der Vergangenheit oder in der Zukunft als im Augenblick, weil der Augenblick uns den ungeschminkten Gefühlszustand aufzeigt. Mit unserem unsensiblen Eigenwillen erzeugen wir immer wieder Leiden bei anderen Menschen (auch Tieren oder Pflanzen) und somit in Folge auch bei uns selbst. Und dieses Leiden tut weh! Wenn das Ursache-Wirkungs-Gesetz (Karmagesetz) uns dann die schmerzhaften Gefühle zeigen und fühlen lassen will, die wir mit unserem Eigenwillen erzeugt haben, möchten wir nichts davon wissen. Wir flüchten vor dem Augenblick, der uns zwingt, die Gefühle ehrlich anzuschauen.

Wer den Augenblick flüchtet, der lebt aber nicht wirklich und bekommt keine oder nur wenig Energie von innen. Was ihm bleibt, ist der Ego-Kampf gegen seinen Nächsten und die

Angst, dass das doch irgendwann kommt, was man auf keinen Fall will: das ehrliche Feedback des Karmagesetzes. Dabei möchten uns die Gefühle nur helfen, überhaupt zu sehen und zu verstehen, was wir mit unserem Eigenwillen tun und anrichten, damit wir uns ändern können und wieder frei werden.

Was ist zu tun? Ich möchte keinen aufmuntern, eigenwillig das Karmagesetz herauszufordern und wagemutig sich den verdrängten Gefühlen zu stellen. Es gibt Autoren, die uns anraten, die verdrängten Gefühle und Ängste einzuladen, damit sie kommen und wir sie verarbeiten können. Die Gefahr, dabei zu scheitern oder gar zu straucheln, ist nach meinen Erfahrungen viel zu groß.

Was ich aufgrund meiner Erfahrungen raten kann, ist die ehrliche und aufrichtige Hinwendung an das göttliche Bewusstsein, das in uns selbst im Herzen wohnt, mit der Bitte um Führung und um Hilfe. Das göttliche Bewusstsein überfordert uns nie! Es sorgt dafür, dass wir immer nur so viel von unserem Eigenwillen zu fühlen bekommen, wie wir auch wirklich verkraften und positiv verwerten können. So können wir dann, wenn der richtige Zeitpunkt gekommen ist, die verdrängten Gefühle aus einer sicheren Perspektive aus bewusst verarbeiten und viel dabei lernen. Wenn wir jeweils das Erkannte mit der göttlichen Hilfe im Alltag Schritt für Schritt integrieren, geht es innenwärts zur Leichtigkeit des Seins.

Sich dem Bewusstsein anvertrauen

Während das göttliche Bewusstsein uns aufbaut und mit Geborgenheit, Sicherheit, Zuversicht, Freiheit, Liebe... erfüllt, verbreitet die Stimme im Kopf, der böse Gott, Angst! Die Angst ist das Macht- und Druckmittel des Egos.

Ein Mensch wendet sich an Gott und findet in ihm Ruhe und Kraft. Dann kommt das Ego – von innen und eventuell auch von außen – und versucht ihn über die Gedanken- und Gefühlswelt zu verunsichern und in einen Machtkampf zu verstricken. Das Ego hat nämlich nur so lange Macht über einen Menschen, wie dieser sich in einen Kampf verstricken lässt. Darum klappert es alle nur erdenklichen Schwachstellen dieses Menschen ab, um ihn in Kämpfe zu verstricken, ihn zu verunsichern, seine Zuversicht zu rauben, Zweifel und Schuldgefühle auszulösen, ihn hoffnungslos und energiearm zu machen, also ihn zu beherrschen und zu binden.

Da hilft nur eines! Alles, was wir denken und fühlen, Gott im eigenen Inneren echt und ehrlich zu erzählen. Die Ängste, Sorgen, Nöte, Verunsicherungen ihm kindlich und naiv hinzutragen und möglichst ohne Erwartungen anzuvertrauen. Vor Gott müssen wir nichts verheimlichen und Gott ist uns nie böse! Dann kann uns das Leben helfen und unser Bewusstsein erweitern, so dass wir immer freier und freier werden und immer besser mit den Ego-Situationen umgehen können.

Wichtig zu wissen ist: Der Wille des ewigen Bewusstseins entspricht unserer göttlichen Natur! Gott ist Liebe, Frieden, Harmonie, Gesundheit, Reichtum, Freude und kann daher für uns nichts Liebloses wünschen. Zum göttlichen Bewusstsein gehört weder Streit, Chaos noch Verwirrung, weder Schmerz noch Sorgen, weder Leid noch Krankheit, noch Armut. All das kommt nicht von Gott!

Der Klang des Herzens

Die Musik ist überall und immer da, man muss nur zuhören, so sinngemäß endet der wunderschöne Film: „Der Klang des Herzens". Der Klang des Herzens führt im Film gegen alle Widerstände die sich liebenden Menschen wieder zusammen, welche durch die engen Vorstellungen und Zwänge dieser Welt voneinander getrennt wurden.

Bloß ein Märchen? Nicht für den, der auf den Klang des Herzens hört. Jeder kann ihn hören, wenn er ihn hören will. Wann können wir ihn hören? Jetzt! Genau jetzt!

Hören wir hin. Warum erwarten wir so viel? Warum zweifeln wir? Wie fühlen wir uns dabei? Der Klang des Herzens antwortet uns. Wir müssen ihn nur wahrnehmen und zuhören!

Dank der Herzenskraft

„Man sieht nur mit dem Herzen gut", hat „der kleine Prinz" dem verunglückten Piloten verraten in Antoine de Saint Exupérys wunderschönem Märchen. Und in der Tat ist es so: Ohne die tragende Herzenskraft, die einem Geborgenheit, Freude, Klarheit und das Gefühl gibt, erfüllt zu sein, können wir nicht wirklich glücklich werden. Ohne die Herzenskraft ist letztlich alles nichts. Wir sind innerlich leer.

Es gibt viele Schönheiten auch in dieser materiellen Welt, ohne Herzenskraft können wir sie nicht wirklich wahrnehmen. Es gibt auch viel Positives in dieser materiellen Welt, ohne Herzenskraft aber können wir es nicht sehen und nicht fühlen. Wir alle werden von Mutter Erde unaufhörlich beschenkt, ohne Herzenskraft merken wir es nicht. Wofür sollen wir dankbar sein ohne Herzenskraft? Wir können ohne sie keinen Dank empfinden, denn Dankbarkeit ist eine Himmelskraft.

Ohne Herzenskraft sind wir auf die Energiezufuhr von außen angewiesen. Äußere Ablenkungen, Streit, Lust und Aktivismus können uns eine Zeitlang die innere Leere vergessen lassen, früher oder später holt uns aber die hoffnungslose Trostlosigkeit eines herzlosen Daseins wieder ein.

Wer oder was ist diese Herzenskraft?
Sie ist das göttliche Bewusstsein, der Strom des Lebens. Sie ist die Verbindung zu unserem wahren, tiefsten, inneren Wesen, dem Kind Gottes.

Körper und Bewusstsein

Unser Körper ist ein Meisterwerk der Zusammenarbeit von zig Billionen kleinster Lebewesen: Zellen, Bakterien, Viren... Wer belebt, führt und leitet eigentlich den gigantischen Staat dieser kleinen Lebewesen, so dass jedes in jedem

Augenblick genau weiß, was es zu tun hat, um in einem wunderbaren Miteinander das System "Körper" aufrecht, vital und gesund zu erhalten?

Wenn wir wollen, tut das für uns das göttliche Bewusstsein, das nicht nur jeden Stein, jede Blume und jedes Tier durchdringt und belebt, sondern auch den unendlichen Kosmos mit seinen unzähligen Sonnen, Planeten und Galaxien.

Warum nur, wenn wir wollen? Weil wir als Mensch so frei sind, dass wir unseren eigenen Willen auch vor den Willen dieses höchsten, ewig reinen Bewusstseins stellen dürfen.

Wer tut schon so etwas? Wir alle mit unserem Ego. Mit unseren beschränkten Ego-Vorstellungen und Meinungen, mit unseren eigenen Glaubenssätzen und auch unseren eigenwilligen Essgewohnheiten. Sind Glaubenssätze erst einmal in unserem Verstand verankert, so glauben wir so fest an ihre Realität, dass uns niemand mehr vom Gegenteil überzeugen kann. Sind Essgewohnheiten erst einmal eingefahren, so wollen wir auf keinen Fall mehr etwas daran ändern.

Zum Glück bietet das göttliche Bewusstsein, das unendliche Liebe ist, uns Menschen jeden Augenblick – also jetzt – die

Möglichkeit, uns ihm von ganzem Herzen anzuvertrauen. Wenn wir das tun, wächst unser Bewusstsein und wir dürfen unsere Meinungen, Vorstellungen und Glaubenssätze wieder als solche erkennen und loslassen. Und das macht uns offen für Neues, eventuell auch für neue Essgewohnheiten, und natürlich für Gesundheit und Vitalität und viel, viel mehr Lebensqualität. Mehr und mehr dürfen wir dankbar erleben, wie das göttliche Bewusstsein auf wunderbare Weise unseren faszinierenden Zellenstaat "Körper" führt und durchdringt.

Die Gefühle des reinen Bewusstseins

Die üblichen Gefühle kommen aus dem Verstand. Es sind situationsabhängige und zeitabhängige Gefühle, und sie spiegeln die Polarität dieser Welt. Sie dienen den normalen Bedürfnissen unseres Ichs: Glück, Trauer, Freude, Neid, Stolz, Eifersucht, Wut, Mut, Ärger, Angst, Besorgnis, Gram usw.

Bei allen diesen Gefühlen findet man einen Grund, warum es sie gibt: Man ist besorgt, weil das Kind Fieber hat. Man freut sich, weil man in den Urlaub gehen darf. Man ärgert sich, weil der Zug Verspätung hat.

Die Gefühle des reinen Bewusstseins dagegen sind nicht an Umstände oder Bedingungen geknüpft. Sie sind immer da, auch wenn sie von uns Menschen kaum bewusst wahrgenommen werden. Es gibt in unserer Sprache auch kaum Namen dafür, wir können sie nur beschreiben. Die Gefühle des reinen Bewusstseins kommen auch nicht isoliert vor, sondern immer als Ganzheit. Wer sie bewusst wahrnimmt, umschreibt sie mit: Stille, selbstloser Liebe, tiefem Frieden, Geborgenheit, unbegrenzter Harmonie, Verbundenheit mit allem Sein, unauslöschlicher Zuversicht, kosmischer Einheit, Aufgehen im Lebensstrom...

Da diese Gefühle direkt aus dem reinen Bewusstsein kommen, wohnt auch eine unbeschreibliche Kraft in ihnen. Wer einmal diese Ur-Zuversicht bewusst wahrgenommen hat, der ist nachher ein anderer Mensch.

Das Bewusstsein um Hilfe bitten

Wer die Hilfe des göttlichen Bewusstseins einmal erfasst hat, der weiß, dass er niemals allein ist. Die göttliche Hilfe ist immer und überall da und in jeder Situation, und wir dürfen das göttliche Bewusstsein unaufhörlich um Hilfe und um Führung bitten. Das göttliche Bewusstsein hilft immer und es ist ihm nie zu viel, uns zu helfen. Es hilft gerne, denn es möchte uns alle wieder heimholen zu sich in die Urgeborgenheit und Leichtigkeit des ewigen Seins.

Viele Menschen finden es merkwürdig, dass wir das göttliche Bewusstsein bitten müssen, bevor es hilft. Es könnte doch auch einfach so helfen.

Ich sehe zwei Gründe, warum es dieses Bitten braucht:
Das göttliche Bewusstsein, dem auch unsere Schutzengel angehören, wird niemals den freien Willen eines Menschen missachten. Ohne das bewusste Einverständnis des Menschen, ohne seine ausdrückliche Willensbekundung, darf es, außer bei großer Gefahr, nicht helfen. Das verlangt die tiefe Achtung des freien Willens.

Zweitens ist es in unserem ureigenen Interesse, dass wir die Hilfe Gottes bewusst wahrnehmen. Denn nur dann erfassen wir, wer wir im tiefsten Inneren sind: Kinder Gottes. Würde uns das göttliche Bewusstsein einfach nur so helfen, ohne dass uns seine Hilfe bewusst ist, dann würden wir glauben, dass uns unser Ego oder unser Sachverstand geholfen hat, oder der Zufall oder dieser oder jene äußere Umstand usw. Und das große Glück, mehr und mehr wieder das göttliche Bewusstsein zu entdecken und zu erleben, zu ihm zurückzufinden, wäre uns genommen.

Hilfe vom Bewusstsein

Es schlägt einem einer, sinnbildlich verstanden, auf die Wange. Sollen wir ihm jetzt tatsächlich auch noch die andere Wange hinhalten, wie das christlich wäre? Machen wir das als cooler Held aus unserem Ego heraus, haben wir nicht wirklich die andere Wange hingehalten, sondern geben eine Ohrfeige zurück. Sinngemäß heißt die Ohrfeige: Ich bin besser als Du!

Ehrlicher ist die Aggression, die üblicherweise in uns in einer solchen Situation aufsteigt. Sollen wir die jetzt einfach unterdrücken? Eine unterdrückte Aggression kommt später, möglicherweise verstärkt, wieder hoch.

Ist also die Gewaltlosigkeit ein unrealistischer Anspruch? Dummerweise wird das Rad der Gewalt aber nur gestoppt, wenn einer aussteigt. Aber muss das ausgerechnet ich sein? Ich habe ja nicht mal angefangen! Vielleicht bringt ja das Leiden, das mein Zurückschlagen dem anderen zufügt, ihn zur Einsicht und zur Reue. Leider klappt das meistens nicht, häufiger eskaliert die Gewalt.

Wir sehen also, vom Intellekt her sind wir mit einer solchen Situation völlig überfordert und die frei laufenden Emotionen bringen einen ungewissen, möglicherweise sehr unangenehmen Ausgang.

Nicht überfordert sind wir aber mit der Möglichkeit, statt zurückzuschlagen oder zu heucheln, mit unserer ganzen Wut, unserer Hilflosigkeit, unserer Angst und Überforderung nach innen zu gehen und das göttliche Bewusstsein ehrlich um Hilfe zu bitten. Wenn wir ihm alles ungeschminkt erzählen, bekommen wir Hilfe vom Herzen her. Wir spüren eine sanfte Kraft, die uns durchströmt und uns ganz andere Aspekte sehen und erfassen lässt. Das Bewusstsein wächst und ermöglicht uns eine neue Sicht des Geschehens, die uns aus dem Dilemma des Machtkampfes hinausführt. Wir erfassen auch den eigenen Anteil am Konflikt, und das löst uns aus dem Strudel des Kampfes und der Emotionen heraus. Wir werden ruhiger und besonnener. Damit ist das Eis gebrochen und neue Wege tun sich auf.

Sich erfolgreich ändern

Warum bleiben oft Menschen trotz des Wunsches, sich zu ändern, immer wieder in den gleichen, engen Vorstellungen und Komplexen hängen? Weil die Ego-Komplexe, an denen sie hängen, sich aufspielen, als wären sie Gott und, um den Energielieferanten nicht zu verlieren, dem Menschen über seine Ego-Programme dominant und drohend einbläuen, wenn er nicht auf sie höre und nicht tue, was sie wollen, dann mache er alles falsch und sein Fehlverhalten werde schwere Folgen für ihn haben. Und er habe sowieso keine Chance, da herauszukommen.

Die Ideenvielfalt dieser Komplexe, um einen Menschen an sie zu binden, ist erstaunlich groß. Sie gehen davon aus, dass irgendwo alle Menschen Ängste und Zweifel haben oder gerne umschmeichelt sind, und darum schwach werden.

Der Mensch glaubt dann diesen drohenden Machtsuggestionen, glaubt oft sogar, sie kämen von Gott, geht vor ihnen auf die Knie und vermeint, sich mit der düsteren Realität abfinden zu müssen. Und er verlegt seine Hoffnung vom Augenblick weg in die ferne Zukunft, ins Nimmerland.

Oder der Mensch fängt an, gegen die suggestive Egostimme zu kämpfen. Gegen diese negativen Kräfte sollten wir aber nicht kämpfen, denn das ist es, was sie wollen. Im Kampf können sie uns dominieren. Steigen wir in den Kampf ein, so schwingen wir in der gleichen Wellenlänge.

Am Anfang lassen wir uns oft von solchen drohenden Energiefeldern einschüchtern und verunsichern, ob sie nicht doch vielleicht Recht haben und wir etwas falsch machen. Oder wir bäumen uns kämpfend gegen sie auf oder stellen uns hochmütig über sie. Das alles macht sie nur stärker.

Auch da hilft das göttliche Bewusstsein, wenn wir es um Hilfe und Führung bitten. Es lässt uns klar sehen, was abläuft, was wir vielleicht tatsächlich falsch machen, aber auch, wo wir richtig liegen. Es gibt uns die Sicherheit, auf dem rechten Weg zu sein und führt uns, so wir das wollen, aus diesem Energiefeld heraus.

Den freien Willen beachten

Das Leben achtet immer unseren freien Willen. Der freie Wille ist ein großer Schatz, den jeder von uns vom Leben geschenkt bekommen hat. Leider achten wir Menschen nicht immer die Lebensgesetze und rauben ganz schnell und unbedacht mal einem anderen Menschen seinen freien Willen. Das passiert schon, wenn wir etwas von ihm erwarten, wenn wir recht haben wollen, wenn wir jemandem unsere Vorstellungen aufzwingen wollen – das gilt auch für religiöse Vorstellungen –, wenn wir bestimmen wollen, natürlich wenn wir dominieren wollen, wenn wir im Mittelpunkt stehen wollen... Ja letztlich verstößt jede Abwertung gegen dieses Lebensgesetz.

Die Folge: ein Teufelskreis beginnt. Der Nächste fühlt sich von mir nicht angenommen oder gar verletzt. Ich dränge ihn dazu, sich entweder von mir leben zu lassen oder gegen mich zu kämpfen, es sei denn, er steht über der Situation. Dann habe ich Glück!

Lässt er sich von mir leben, verliert er seine Lebendigkeit und seine eigenen Energien werden gestaut. Irgendwann müssen sich diese wieder in Aggressionen lösen, was ich dann – mindestens energetisch – voll abbekomme. Dann bekomme ich, vielleicht sogar verstärkt, zurück, was ich ihm angetan habe. Die Rollen sind vertauscht.

Kämpft er gleich gegen mich, dann beginnen der Schlagabtausch und die Rollenumverteilung sofort. Der Kampf nimmt beide gefangen und bestimmt mehr und mehr die Grundschwingung, entsprechend verbinden wir uns mit gleichartigen Energiefeldern, ganz nach dem Gesetz von „Gleiches zieht Gleiches" an: Verletztsein, Beleidigtsein, und in weiterer Folge Wut, Ärger Hass, Neid, Überheblichkeit usw. werden genährt...

Mit meinem Glück ist es dann natürlich vorbei. Ich fühle mich allenfalls noch kurzfristig gut, wenn ich gerade im Kampf dominiere, doch früher oder später bin ich auch wieder Verlierer und entsprechend energielos.

Wirklich glücklich bin ich nur, wenn ich mich erst gar nicht auf diesen unnötigen und Kräfte und Energie raubenden Kampf mit meinem Nächsten einlasse, indem ich ihm einfach seinen freien Willen zugestehe, wie es das Leben selbst auch tut. Mein Nächster muss ja nicht gleich fühlen und denken wie ich. Wie kann ich das erwarten? Warum will ich ihn überzeugen? Es ist eine Schwäche in mir, die ihn nicht frei lassen will, die ihn verändern und bewerten will, die es mich nicht aushalten lässt, dass er nicht meiner Meinung ist oder mir nicht Recht gibt.

Statt nun den anderen ändern zu wollen, bemühe ich mich, mich selbst zu ändern. Ich löse meine Erwartungen, meine

Abwertungen, mein Wollen und akzeptiere völlig wertneutral die Tatsache, dass er einfach anders denkt oder ist als ich, und dass er so sein darf, wie er sein will, genauso wie ich sein darf, wie ich sein möchte. Will ich noch einen Schritt weiter gehen, so bitte ich das Leben, meinen Horizont zu erweitern, um ihn nicht nur frei zu lassen, sondern ihn sogar von Herzen – also nicht nur verstandesmäßig – verstehen zu können.

Das macht dann wirklich frei und glücklich, meine Lebensenergie wächst und möglicherweise erlebe ich Wunder über Wunder. Ich finde von Herzen die richtigen Worte, um meinem Nächsten aufbauend zu begegnen. Und mein Nächster versteht mich plötzlich auch und findet ebenfalls zu tieferen Erkenntnissen. Immer mehr Energie umgibt uns beide.

Echte Enttäuschungen befreien

In unserer Ego-Welt werden wir immer wieder enttäuscht, weil wir in der Täuschung leben. Als Ego leben wir nicht im Miteinander, sondern in der Trennung. Und darum haben wir oft Erwartungen an unsere Mitmenschen, die diese gar nicht erfüllen können. Das aber merken wir im Zustand des Getrenntseins nicht, weil uns der Klarblick fehlt.

So erwarten wir beispielsweise von einem Mitmenschen Verständnis für unser Verhalten oder sein Einfühlungsvermögen für unsere Wünsche. „Merkt sie/er denn nicht, wie wichtig mir dies oder jenes ist?" denken wir, und sind tief enttäuscht, wenn sie/er es tatsächlich nicht merkt. Nur, wenn sie/er nicht mit mir in der göttlichen Einheit schwingt, so kann sie/er es gar nicht merken und mir auch nicht die erwartete Aufmerksamkeit schenken, so wie ich sie/ihn nicht verstehen kann. Da ist weder ein böser Wille noch ein bewusstes Fehlverhalten da. Trotzdem führen enttäuschte Erwartungen oft zum Streit, zu Vorwürfen und Vorhaltungen, die nicht selten eskalieren.

Wer sich mit seinen schmerzhaften Enttäuschungen an das göttliche Bewusstsein wendet und ihm sein ganzes Enttäuschtsein ehrlich und wahrhaftig anvertraut, für den wird der Schmerz der unerfüllten Erwartung tatsächlich zu einer echten Enttäuschung, also zu einer Aufhebung der Täuschung. Zurück bleibt eine befreiende, glücklich machende Klar- und Einsicht. Statt Erwartungen und Vorwürfen wachsen das Verständnis und die Liebe, was mehr und mehr zu dem ersehnten Miteinander führt.

Bewusst verarbeiten

Immer wieder mal überrumpeln uns schwere Gefühle oder wir kommen in Situationen, auf die wir nicht gefasst sind und die uns überfordern. Wir sind unfähig, ruhig und positiv zu sein. Statt zuversichtlich fühlen wir uns hoffnungslos und ausgeliefert.

Um wieder einen inneren Halt zu finden, ist es ganz wichtig, jetzt oder sobald als möglich sich die Zeit zu nehmen, das, was abläuft, bewusst zu verarbeiten. Was ist da los? Wichtig ist dabei, sich die Fragen, die uns bewegen, nicht vom Kopf her beantworten zu lassen.

Gerne hilft wiederum das göttliche Bewusstsein, wenn wir es um Hilfe bitten. Von innen her kommt es uns zu Hilfe, erweitert unseren Blick und macht uns offen für eine neue Sicht. Wir erfassen und verstehen plötzlich, was abgelaufen ist, was wir ändern und wo wir umdenken können, wie aus einer Schwäche eine Stärke werden kann...

Gefühle hinterfragen

Ego-Komplexe treten, wie schon beschrieben, oft so absolut und bestimmend auf, als seien sie Gott. So betrügen sie ihre Opfer. Und sie sparen nicht mit moralischen Verurteilungen und Drohungen, wenn man ihnen mit Skepsis begegnet. Daran aber erkennen wir sie. Allerdings erst dann, wenn wir gelernt haben, inne zu halten, statt gleich zu reagieren, und Gefühle zuzulassen, auszuhalten und zu hinterfragen. Dann haben ihre Drohungen, ihr Überzeugungseifer und ihre moralischen Wertungen und intellektuellen Klügeleien immer weniger die Kraft, uns zu vereinnahmen.

Wie werden wir stark und bewusst genug, um solche Komplexe auszuhalten und zu durchschauen? Nicht mit unserem Eigenwillen, aber mit Hilfe des göttlichen Bewusstseins. Durch die tiefe, ehrliche und vertrauensvolle Hinwendung kann uns die göttliche Quelle helfen. So wird sie immer stärker und stärker in uns und kann uns mehr und mehr aus dem Sumpf des Egos herausführen.

Die Kunst, nicht zu reagieren

Verstrickt in die Alltagssituationen und Alltagskämpfe sind wir gewohnt, ständig zu reagieren. Reagieren tun wir auf äußere Einflüsse, z.B. auf Situationen, auf andere Menschen, aber auch auf innere Einflüsse, auf unsere Ängste,

Wünsche, unsere begrenzten Vorstellungen, auf Gedanken und Gefühle, also auf unsere Programmwelt, die unbewusst arbeitet. Ja selbst unser Reagieren ist Teil dieser Programmwelt.

Natürlich sind im Alltag schnelle Reaktionen manchmal sehr wichtig, z.B. im Straßenverkehr. Üblicherweise reagieren wir aber generell weit öfter als wir agieren, das gilt sowohl für äußere wie innere Einflüsse. Bei den äußeren Einflüssen ist uns das noch eher bewusst, weniger aber bei den inneren.

Reagieren weist auf Unbewusstheit, auf gesteuerte Abläufe hin. Agieren dagegen ist ein bewusstes, selbständig gewähltes Denken, Handeln und Tun. Ob das, was wir gerade denken oder tun, ein Reagieren ist, also ein Gesteuertsein von Programmen, z.B. von Ängsten, Wertungen, begrenzten Vorstellungen usw., oder ein Agieren, also ein bewusst gewähltes freies Denken und Tun, das können wir nur selbst für uns in jedem Augenblick herausfinden.

Dies herauszufinden ist wesentlich für die eigene Entwicklung zurück zu unserem wahren Wesen, zurück zu der Freiheit und Leichtigkeit des ewigen inneren Seins. Wem es gelingt, auf Gefühle und Emotionen, auf Ängste, Wertungen, Vorstellungen usw. nicht kanonengleich loszureagieren, loszudenken, loszuhandeln, sondern die Gefühle, Emotionen einfach einmal nur zu beobachten und dabei das göttliche Bewusstsein um Hilfe und Führung zu bitten, der erlebt früher oder später, wie sich ihm die treibenden, inneren Programme aufschlüsseln und sich die Ursachen und Hintergründe auftun. Begleitet ist der Erkenntnisprozess von einem tiefen, wohligen Gefühl der Leichtigkeit und Freiheit, von einem Gefühl tiefer Geborgenheit und Lebendigkeit. Das Leben grüßt.

Hoffnungsvolle Hoffnungslosigkeit

Wir Menschen kämpfen meist gegen Gefühle der Hoffnungslosigkeit mit dem Verstand, weil die vermeintliche Ausweglosigkeit, die aus der Sicht des Verstandes die Hoffnungslosigkeit impliziert, einfach nicht sein darf. Aber wenn das Gefühl der Hoffnungslosigkeit da ist und wir es verdrängen, bleiben wir in ihm hängen und alle Zuversicht kommt nur noch aus dem Verstand, ist also Illusion.

Allen Gefühlen, so auch der Hoffnungslosigkeit, sollten wir nicht, wie das der Verstand tut, mit einem Nein begegnen, sie also weghaben wollen, sondern sie zulassen, denn auch in vermeintlich negativen Gefühlen steckt eine Wahrheit, die uns helfen möchte.

Um an diese Wahrheit zu kommen, dürfen wir das göttliche Bewusstsein um Hilfe bitten. Dann können wir, vom Herzen geführt, gefahrlos auch Angst machende Gefühle zulassen und anschauen, wenn sie drängen, um zur großen Überraschung darin die Zuversicht zu finden. Gerade die Hoffnungslosigkeit kann davor bewahren, in Ego-Illusionen zu versumpfen. Die Wege, die uns unser Ego zeigt, sind oft einfach hoffnungslos, und das in der Tiefe zu erkennen, tut gut und befreit und öffnet Türen für eine neue, tiefere, hoffnungsvolle Sichtweise.

Fehler nicht aufbauschen

Haben wir einen Fehler erkannt, so sollten wir uns freuen und ihn nicht aufbauschen. Wir können sicher sein: Auch wenn der Fehler noch so groß war, wir sind deswegen dennoch nichts Einzigartiges. Negative Beachtungsenergie hat nur eine kurze Laufzeit und bringt uns keine wirkliche Zuwendung. Die Liebe haftet nicht auf unseren Fehlern.

Darum sollten wir uns selbst verständnisvoll verzeihen – erst dann können uns auch andere verzeihen – und unser Vergehen nicht unnötig wichtig nehmen. Was war, war! Lieber aus dem Fehler lernen und dankbar für den Lernschritt sein und sich gönnen, von Gott geliebt zu werden. Denn dann wirkt das Leben, das unaufhörlich aufbaut und sonnengleich die Wolken auflöst.

Immer wieder der gleiche Weg

Unsere menschliche, von der Polarität geprägte, einseitige Sicht der Dinge ist eng und unvollkommen. Darunter leiden wir. Denn unser Schwarz-Weiß-Denken impliziert den Kampf in verschiedensten Ausprägungen. Die Folge: Wir sind nie so recht zufrieden. Immer wieder wird unser Glück getrübt. Das ist das Los unseres Egos. Das Ego verurteilt die oder jene Eigenschaften bei anderen und leidet zugleich unter seinen Verurteilungen, weil es selber genauso ist wie die Seite, die es abweist.

Viele versuchen, diesen Kampf mit dem Kopf abzustellen. So, jetzt wird nicht mehr gekämpft, jetzt wird positiv gedacht. Aber das funktioniert nicht. Verdrängen führt zu Energielosigkeit. Mit dem Intellekt über den menschlichen Kämpfen stehen zu wollen, indem wir uns mit beiden Seiten intellektuell auseinandersetzen, funktioniert ebenfalls nicht so recht. Es fehlt das Gefühl. Die Energie ist gestaut.

Beide Seiten ausleben, mal die, mal die andere, führt sicher zu tieferen Erkenntnissen, verschleißt uns aber. Und auch andere Menschen! Der befreiende Aspekt des emotionalen Auslebens ist immer nur kurzfristig. Was dann auf einen zurückkommt aber oft sehr leidvoll. Natürlich kann das lehrreich sein. Aber so wirklich glücklich sind auch die Menschen nicht (oder nicht lange), die Gefühle ungeniert raus lassen. Überschwängliche Freude wird schnell von schmerzvollen Tränen abgelöst.

Was also können wir tun? Ich persönlich habe nur einen Weg erfahren, von dem ich wirklich das sichere Gefühl habe, dass er mich weiterbringt. Es ist die ehrliche, aufrichtige Hinwendung an das göttliche Bewusstsein in uns. Dieses unendlich weite und gütige, alles implizierende und zugleich über allem stehende Bewusstsein, das ich Gott nenne, wartet nur darauf, bis wir uns ihm vertrauensvoll zuwenden, um uns aus den Verstrickungen des Egos herausführen zu können.

Können uns Träume helfen?

Können uns Träume helfen? Ja und nein! Die gleiche Frage ist: Können einem Situationen helfen, in denen man sich gerade befindet? Ja und nein! Wenn man sie richtig deuten kann, dann helfen sie. Wenn man sie missversteht, können sie auch schaden oder veraltete Muster bestärken oder einen sogar in eine falsche Richtung führen.

Nicht die Träume sind es, die helfen. Auch nicht die Situationen, die einen vielleicht aufrütteln. Es ist das Bewusstsein, das hilft, der Bewusstwerdungsprozess, was abläuft, welche Muster und Komplexe uns leben, welche Haltungen die Situationen und Träume ausdrücken, welche Glaubenssätze aktiv sind...

Negative Energiefelder lösen

Starke Emotionen wie Angst, Unruhe, Traurigkeit, Hass, Groll, Wut, Eifersucht, Neid usw. wirken sich schädlich auf unseren Körper aus und hindern ihn daran, harmonisch zu funktionieren. Dazu kommt, dass solche negativen Emotionen, wenn wir uns nicht bewusst mit ihnen auseinander gesetzt und sie durch Erkenntnis hinter uns gelassen haben, Schmerzreste zurück lassen, die sich zu Energiefeldern verbinden und immer wieder durch unsere Körperzellen leben wollen. Eckehart Tolle bezeichnet darum diese Energiefelder treffend als Schmerzkörper[17]. Auch verbinden sich diese individuellen Energiefelder nach dem Prinzip von

„Gleiches zieht Gleiches an" mit analogen Energiefeldern anderer Menschen, so dass daraus mehr und mehr globale, kollektive, düstere Energiewolken entstehen. Das ist dann das menschliche Karma.

Ein Blick in die Geschichtsbücher, die voll sind von unvorstellbaren Grausamkeiten, lässt uns erahnen, dass sich im Laufe der Zeiten einiges angesammelt haben muss und weiter ansammelt, wie die täglichen Nachrichten verdeutlichen.

Diese individuellen und kollektiven Energiefelder, die man auch als Unterbewusstsein bezeichnen kann, führen ein Eigenleben mit einer eigenen, primitiven Intelligenz, die vorwiegend ihrem Überleben dient. Auch sie müssen wie alle Lebensformen Nahrung, also neue Energie, zu sich nehmen – und die bekommen sie von uns Menschen. Deshalb melden sich diese Energiefelder immer wieder und übernehmen schnell die Kontrolle über uns. Die Stimme im Kopf erzählt dann traurige, wütende oder beunruhigende Geschichten über uns und über andere und über die Gesellschaft. Sie schimpft, tadelt, beschuldigt und klagt – und wir identifizieren uns voll mit allen diesen negativen Gedanken.

Der Strom der negativen Gedanken rattert weiter, das Gesicht verfinstert sich, die Emotionen sprühen und der Körper ermattet oder wird krank, die Energiefelder aber werden mit neuer Energie versorgt. Oft ziehen wir dann auch andere z.B. aus der Familie in diese Energiefelder hinein, und der Familiensegen oder im größeren Rahmen der Betriebssegen, der Wirtschaftssegen, der Staatssegen hängt schief! Die Energiefelder aber blühen! Die Menschen leiden!

Das Einzige, was da hilft, ist Bewusstheit! Nichts fürchten diese Energiefelder mehr, denn Bewusstheit löst sonnengleich die Wolken auf. Das Bewusstsein, um aus der Wolke dieser Energiefelder herauszukommen, wird uns von der göttlichen Welt Schritt für Schritt geschenkt, wenn wir das wollen. Im Wollen aber liegt das Problem. Die meisten Menschen wollen in dieser Situation nicht aus dieser energetischen Gefangenschaft ausbrechen, sondern in ihr verweilen, weil sie sich mit diesen Energiefeldern identifizieren. Sie glauben, das Energiefeld selbst zu sein. Sie leben quasi mit ihm. Der Hass, die Wut, das Selbstmitleid, die Traurigkeit usw. hält sie gefangen! So lassen sie sich immer wieder von der Last der Vergangenheit leben und schüren sie wieder von neuem.

Wie kommen wir dazu, dass wir aus diesem Teufelskreis ausbrechen wollen? Nicht mit Verstandeskraft! Nicht mit dem Ego-Willen! Nicht mit geistigem Heldentum! Nicht mit dem Kampf gegen das Böse oder die Bösen! Erfolge mögen zwar kurzfristig kommen, aber sie sind nicht von Dauer.

So wie ich es erlebe, hilft wiederum nur die Hinwendung an das göttliche Bewusstsein und die Bitte um Hilfe! Dann kann das Bewusstsein helfen. Und es dämmert im Gemüt. Die Sonne kommt durch die Wolken hindurch und löst sie allmählich auf. Eine neue Sichtweise tut sich auf und eine frei machende Kraft füllt uns von innen auf. Das Bewusstsein wächst. Wir fangen an zu begreifen, was abläuft, und wir werden frei. Wir verstehen, dass unser wahres Wesen kein Kind dieser Energiekomplexe ist, sondern ein Kind des göttlichen Bewusstseins.

Selbstliebe statt Depression

Es ist bekannt, dass heute in Deutschland weit mehr Menschen als früher unter Depressionen oder Burnout leiden. Schwere Gefühle umwölken den Menschen und wie magisch zieht er alle Probleme und Schatten an. Gefühle der Hoffnungslosigkeit, Minderwertigkeit, Hilflosigkeit und Schuldgefühle, dazu Müdigkeit, verringerte Konzentrations- und Entscheidungsfähigkeit und sinnloser Grübelzwang dominieren. Die Nacht verschlingt die Sonne.

Was sind die Ursachen? Oft viel zu hohe Ansprüche an sich selbst. Hinter dem Leistungsdruck, den wir uns selbst machen, sind massive Abwertungen und Verurteilungen von all denen, die diese Höchstanforderungen nicht erfüllen können oder wollen. Können wir sie dann selbst auch nicht erfüllen, so treffen uns diese Abwertungen mit voller Härte selbst!

Solche Höchstansprüche sind z.B.

- ❖ Fehlerfrei sein müssen.
- ❖ Immer alles gleich begreifen müssen.
- ❖ Immer beherrscht sein müssen.
- ❖ Jemandem etwas beweisen wollen.
- ❖ Der Beste sein wollen.
- ❖ Nicht nein sagen können.
- ❖ Sich keine Ruhe- und Erholungsphasen gönnen.
- ❖ Immer ein offenes Ohr für andere haben wollen, egal was man gerade selber macht.
- ❖ Stets Lösungen für alles und jeden finden müssen.
- ❖ Den Blick auf das richten, was man nicht geschafft hat, statt sich an dem freuen, was man gerade erreicht hat.

❖ Kurzum: ein Superheld sein müssen!

Was ist die Lösung? Liebevoller zu sich selbst sein! Wichtig zu wissen ist: Druck kommt nie von Gott, weder moralischer Druck noch Leistungsdruck!

Lieb Dich selbst, dann liebst Du andere

Die Vorstellung, wir seien voneinander getrennte Ego-Einzelwesen, ist letztlich eine Illusion, ein Irrglaube. Im Geiste hängen wir energetisch und gefühlsmäßig alle zusammen. Darum gilt, wer sich nicht selbst lieben und verstehen kann, kann auch andere nicht lieben und verstehen.

Mit Selbstliebe ist natürlich nicht Egoismus gemeint, also sich auf Kosten anderer Vorteile und Privilegien zu verschaffen, sondern selbst für sein Glück, seine Erfüllung, für Geborgenheit, Freude und Verstandensein verantwortlich zu sein.

Wenn wir uns in unserem Sosein verstehen, verstehen wir auch automatisch andere im analogen Sosein. Und umgekehrt: Wenn wir bestimmte Seiten an uns nicht annehmen können, können wir automatisch analoge Seiten bei anderen

Menschen auch nicht annehmen. Verurteilen wir uns dafür, so verurteilen wir auch sie.

Wer das verstanden hat, weiß, dass er anderen nur helfen kann, wenn er sich vorher selbst hilft. Und dass er anderen nur etwas geben kann, wenn er es sich vorher selbst gibt. Dass er andere nur verstehen kann, wenn er sich vorher selbst versteht.

Sich freuen statt vergleichen

Viele Menschen sind ständig und oft ehrgeizig und diszipliniert damit beschäftigt, sich mit anderen zu messen. Was leiste ich mehr als der andere? Wo bin ich besser als der andere? Was kann ich, was der andere nicht kann? Was hat man mir zu verdanken? ...

So entsteht ein Leistungsdruck, der permanent treibt. Wie lang? Bis wir nicht mehr können! Und dann sind wir ausgebrannt, seelisch erschöpft. Die andere Seite der Medaille kommt zum Vorschein: das Verlieren, das Schlechtersein, die Minderwertigkeitsgefühle, die Freudlosigkeit, die Hoffnungslosigkeit, der dunkle Tunnel.

In der Leistungs-Hochphase kann durch Ehrgeiz, Arbeitseifer und Selbstdisziplin durchaus viel entstehen und Erfolg über Erfolg sich einstellen. Doch was bleibt zum Schluss? Oft nur Verdruss! Die Erinnerung, wie gut man mal war.

Mit dem Maß, mit dem wir messen, werden wir bekanntlich gemessen werden. Haben wir uns in der Hochphase aufgewertet, dann kommt diese Wertung im Tief auf uns zurück. Wir erleben, was wir anderen mit Abwertungen antun.

Das alles muss nicht sein: Warum sich jetzt nicht einfach an dem freuen, was wir momentan von innen her geben und leisten können und wollen, ohne sich mit anderen wertend zu vergleichen. Das ist die Zauberformel für Glück und Freiheit!

Gefangen in Wertungen

Eines der größten geistigen Gefängnisse baut sich der Mensch mit seinen (Ab)Wertungen auf. Der Irrglaube, wir haben die geistig-göttliche Kompetenz, Verhaltensweisen beurteilen oder gar verurteilen zu können, ist Hochmut pur. Mit dem Maß, mit dem wir messen, werden wir selber wie-

der gemessen werden. Je enger wir messen, desto einge-
engter leben wir.

Wer frei werden will, sollte aufhören zu werten und somit
auch aufhören, mit inneren wie äußeren Gesprächspartnern
über andere Menschen herzufahren. Je weniger wir werten,
desto mehr dürfen wir und desto weniger müssen wir.

Wie gehe ich mit Kritik um?

Warum haben wir oft Mühe, einem anderen Menschen gegenüber einen Fehler einzugestehen? Weil es oft nicht nur
um den Fehler geht, sondern auch eine Wertung mitschwingt. Warum haben die meisten Menschen Angst vor
Kritik? Weil die Kritik fast immer auch von einer Abwertung
begleitet ist.

Wertungen, von wem auch immer sie kommen, müssen wir,
ja sollten wir nicht annehmen. Denn wenn wir sie annehmen, bedeutet das, dass wir gleiche oder ähnliche Wertungen in uns bejahen, und so verlieren wir automatisch Energie an den Wertenden bzw. wir geben Energie an den Wertungskomplex ab. Wir machen uns zum Verlierer und den

Wertenden zum Sieger. Eine Aggression zwingt uns dann irgendwann, diese Energie wieder zurückzuholen.

Darum ist die beste Reaktion auf Kritik: Bewusst leben, den Fehler wertfrei eingestehen, Kritik sachlich prüfen, im berechtigten Fall konstruktiv verwerten, aber die Abwertung, so eine mitschwingt, dem Wertenden innerlich zurückgeben und sich aus dem Wertungskomplex heraushalten. Denn Werten ist eine subtile Form der Gewalt

Aufklärung statt Kritik

Aufklärung ist gut und wichtig, nicht aber Kritik mit Vorwurf und Wertung. Denn der wertende Kritiker ist emotional gegen seinen Nächsten und stellt sich über ihn. Die Folge, der Kritisierte kann sich nicht ändern, denn der Vorwurf fordert die Unterwerfung und hat nicht das Ziel, ihm zu helfen.

Ein Mensch, der sich nach der Wahrheit sehnt, kann sich intuitiv nicht unterwerfen, weil Unterwürfigkeit dem Egoprinzip von „Trenne, herrsche und binde" entspricht und nicht dem göttlichen „Verbinde und sei". Darum kann es dem Kritisierten passieren, dass er eigentlich einsieht, dass er nicht richtig liegt, aber dennoch, scheinbar absurd, seinem Kritiker widersprechen muss.

„Kritik ist nicht konstruktiv, egal, auf welche Weise sie vorgebracht wird", schreibt Robert Betz in seinem hilfreichen Buch: „Raus aus den alten Schuhen". „Mit Kritik", schreibt Betz weiter, „ist noch kein Mensch verändert worden, aber unzählige sind beschämt oder entmutigt worden."[18]

Darum: Wer anderen bloß etwas vorwerfen will, darf sich nicht wundern, wenn der andere uneinsichtig bleibt. Die Uneinsichtigkeit ist gegenseitig!

Verständnis macht frei

Viele Menschen sind fordernd, unerbittlich, hart, streng, verurteilend und vorwurfsvoll. Und sie nennen das dann charaktervoll, klar und gerecht. Analog erleben sie auch eine verurteilende Instanz in ihnen, die sie ständig treibt, zurechtweist, Fehler vorhält und verurteilt. Und das setzt sie unter Dauerdruck und macht ihnen in der Tiefe Angst. Denn sie fürchten sich im Unterbewusstsein vor ihrer eigenen Unerbittlichkeit und Strenge, vor ihren eigenen Ansprüchen.

Angstvoll bitten sie oft Gott um Gnade und um ein Nachsehen für ihre Schwächen.

Sie sollten nicht Gott darum bitten, sondern sich selbst ermuntern, mehr Verständnis und Großherzigkeit sowohl für sich selbst wie für andere zu entwickeln. Denn Gott ist nicht wie sie. Er verurteilt nicht. Er richtet nicht. Er fordert nicht und hat keine Erwartungen. Er ist die Güte selbst, er ist die tiefe Geborgenheit. Wenn wir in ihm sind und nicht in unserer eigenen, engen, egogeschöpften Welt, dann sind wir unsagbar frei und voll von seiner Güte und Geborgenheit. Dann sind wir die glücklichen Kinder der Allverbundenheit des ewigen Seins. Einfühlungsvermögen, Verständnis und Großherzigkeit zeichnen uns dann aus.

Der brutale Druck, der oft zu Unrecht Gott zugeschrieben wird, ist hausgemacht. Verständnis macht frei und glücklich!

Überforderung ist normal

Wir Menschen würden in Riesenschritten dem Licht entgegen gehen, wenn wir alle unsere Überforderungen immer ehrlich eingestehen könnten. Überfordert sind wir alle ständig, aber das zuzugeben, fällt den meisten (sehr) schwer.

Wir dürfen nicht überfordert sein, denn sonst müssten wir ja eine Schwäche zeigen. Also verdrängen wir die Überforderung mit aufgesetzten Programmen der Stärke und die fehlende Kompetenz kompensieren wir mit Herrschen. Trenne, herrsche, binde!

Warum sind wir alle ständig überfordert? Weil wir als Ego immer nur eine Teilsicht der Dinge haben (können). Wir sehen immer nur unsere Sicht der Dinge, immer nur die eine Seite der Münze. Wir fühlen immer nur unseren Teil und der andere ist uns verborgen. Es fehlt uns der ganzheitliche Blick.

In dem Moment aber, in dem wir unsere Überforderung ehrlich und demütig eingestehen, werden wir weich und offen für die Impulse und Hilfe aus der göttlichen Welt. Dann wird unser Blick weiter, offener, breiter. Eine neue Sicht der Dinge kommt. Wir sehen den Weg, der uns zurück zur Ganzheit in unsere Mitte führt. Wir müssen nichts mehr darstellen, sondern dürfen einfach nur sein, und fühlen uns mit dem Leben verbunden.

Beide Seiten sehen

Jede Münze hat bekanntlich zwei Seiten. Wollen wir die ganze Münze erfassen, so müssen wir beide Seiten anschauen. Erst durch beide Seiten wird die Münze ganz!

So ist es mit allem in diesem Erdenleben. In einer polaren Welt hat alles zwei Seiten. Nur durch die Achtung beider Seiten wird die Polarität aufgehoben.

Als Ego blicken wir Menschen immer nur auf eine Seite und die andere ist uns verborgen und dabei meist suspekt und bedrohlich. Darum wollen wir die Menschen, die auf die andere Seite der Münze blicken, auf unsere Seite ziehen.

Solange wir nur auf die eine Seite der Medaille fixiert sind, sind wir gesteuert von der Begrenztheit. Die Rückseite wird zum Schatten, der uns verfolgt und bedroht, den wir fürchten und den wir entweder verdrängen oder bekämpfen. Und die Vertreter der anderen Seite werden zu Gegenspielern und Feinden. So ist unser Alltag bestimmt vom Kampf und dem endlosen und mühsamen Spiel von Sieg und Niederlage. Der ersehnte Frieden bleibt auf der Strecke.

Wie lösen wir unsere Begrenztheit? Wie finden wir wieder zur Ganzheit und zu einer weiteren Sicht der Dinge? Nur mit

Hilfe des göttlichen Bewusstseins, das diese Weite ist! Nur das Bewusstsein lässt uns die Enge und Begrenztheit unseres Egos überhaupt erkennen und Schritt für Schritt wieder den Blick für das Ganze finden.

Vielleicht erfahren wir plötzlich eine Situation, in der wir uns in den Schuhen unseres vermeintlichen Gegenspielers wiederfinden, und wir erleben, wie seine Sicht der Dinge uns plötzlich genauso plausibel und richtig erscheint wie uns zuvor unsere. Durch das wachsende Verständnis beider Seiten ergeben sich neue Perspektiven und die Probleme lösen sich auf. Die Leichtigkeit und Genialität des Seins bricht durch.

Es gibt keine Heiligen

Es gibt keine Heiligen und keine Meister. Denn sobald jemand sagt: „ICH habe mein Leben gemeistert", ist er schon wieder persönlich. Sobald jemand glaubt: „ICH tue Gutes", ist er schon wieder in seinem persönlichen Ich und somit dem Polaritätsgesetz und der Begrenztheit unterworfen.

Der einzige Meister und der einzige Heilige, den es wirklich gibt, ist das Leben selbst, das göttliche Bewusstsein. Und das göttliche Bewusstsein ist unpersönlich. Einzig in ihm allein sind wir wirklich glücklich, erfüllt und frei. Unser wahres Wesen ist das Kind Gottes, das Kind dieses ewig reinen Bewusstseins.

Der innere Mutmacher

Viele Menschen kennen den inneren Kritiker, den bösen Gott, gut, nicht oder kaum aber kennen Sie den inneren Mutmacher, den lieben Gott, den inneren Helfer und Führer. Der innere Kritiker dröhnt und meckert vom Kopf her, den inneren Führer und Mutmacher aber finden wir in unserem Herzen. Während der innere Kritiker laut und aufdringlich ist, ist die Herzenskraft sanft und leise und unaufdringlich. Sie meldet sich nur, wenn der Mensch das auch wirklich will und sie um Hilfe bittet. Dann aber ist sie klar und effektiv und kein Widerstand, kein noch so lauter Kritiker kann sie aufhalten.

Der innere Mutmacher durchströmt den Menschen als reiner Lebensfluss und holt ihn aus seinem Gedankensumpf heraus. Es wird still im Inneren und dem Menschen wird bewusst, eingehüllt in Sicherheit und Geborgenheit, was in ihm vorgeht.

Der innere Kritiker, der böse Gott, ist die individuelle und kollektive Frucht unseres Eigenwillens.

Der innere Mutmacher, der liebe Gott, ist das göttliche Bewusstsein, dessen Kinder wir alle von unserem tiefsten Wesen her sind. Der innere Mutmacher ist immer für uns da, wenn wir das wollen, und hilft uns, herauszufinden aus dem Gedankensumpf, aus der Enge des Egos, in die Weite, Freiheit und Leichtigkeit des ewigen Seins.

Das Ur-Sonnenlicht in uns

Negative Gedanken haben nur solange Kraft über uns, wie wir im Inneren eine Resonanz haben, wie etwas in uns gleich schwingt. Das ewige Bewusstsein hat diesen negativen Gleichklang nicht. Es steht darüber. Darum kann der, der sich vom göttlichen Bewusstsein führen lässt, auch nach und nach seine eigenwilligen, negativen Gedanken loslassen und durch positive, aufbauende, liebevolle, frei machende Gedanken ersetzen. Das Umdenken ist möglich.

Die Bewusstwerdung, was sich in uns abspielt und welche Rolle wir selbst dabei haben, lässt uns einsichtig, gleich hellsichtig werden. Der Wunsch nach Veränderung und das

Umdenken kommt dann von tief innen, von unserem wahren Wesen. Unser wahres Wesen ist das Kind des göttlichen Bewusstseins. Darum haben wir alle im tiefsten Inneren die Fähigkeit, sonnenhaft zu denken. Diese Fähigkeit ist oft nur von unserem Eigenwillen überlagert.

Je mehr diese wolkengleiche Überlagerung abgebaut ist, desto mehr strahlt wieder das Ur-Sonnenlicht in uns. Und dieses Ur-Sonnenlicht ist die Liebe, die Freude, die Geborgenheit, die Freiheit, die Gesundheit, die Leichtigkeit, die Lebendigkeit, die Klarheit, die Umsichtigkeit, die Schönheit, das Wohlwollen, die Verbundenheit mit allem Göttlichen, die wohltuende Stille und Ruhe, das ersehnte Glück.

Jeder Augenblick ist wichtig

Wir Menschen haben jeden Augenblick, also jetzt, die Wahl, uns entweder von den einengenden Ego-Komplexen leben zu lassen oder aufzubrechen in die Freiheit des göttlichen Seins, indem wir uns vertrauensvoll dem göttlichen Bewusstsein in uns zuwenden und es um Hilfe und Führung bitten und seinen Pfaden folgen.

Die Ego-Komplexe sind dröhnende, streitende, (ab)wertende, oft brutale, dunkle Energien, die uns unaufhörlich leben und dominieren wollen. Allenfalls kommt mal ein lautes Lob für das erfolgreiche Ego über ihre „Lippen", meistens aber nörgeln und drängeln sie und nie ist etwas Recht. Durchaus können sie auch als Moralprediger und brutaler Drohfinger auftreten mit dem Ziel, uns Fehler und Mängel vorzuhalten und uns klein zu „kriegen", nieder zu machen und zu unterdrücken. Wer sich den Ego-Komplexen anvertraut, muss sich immer beweisen, und er fühlt sich nur fit, bzw. wichtig und erhaben, wenn es ihm gelingt, sich über andere Egos zu stellen, sich also mit der Siegerseite der Komplexe zu identifizieren. Das Hochgefühl und das Gefeiertwerden aber dauern meist nicht lange, denn schon lauert der Gegner, der ihn wieder vom Sockel herunterholen will.

Die göttlichen Energien sind feine, stille, liebevolle, lichte, weite Energien, die sich uns unaufhörlich verschenken. Bei Gott müssen wir uns nicht beweisen, wir dürfen mit seinem Bewusstsein mitschwingen, frei, tief erfüllt und glücklich. Da blühen Ideen und Visionen. Wir sind körperlich fit und geistig wach und klar. Der innere Reichtum sprudelt...

Sieh es jetzt neu

Ich kann nicht ändern, was ist. Es ist, wie es ist. Wie ich aber das, was ist, sehe, das bestimme ich jetzt. Und wie ich mit dem umgehe, was ist, das liegt jetzt in meiner Hand. In diesem einzigartigen Augenblick, der ist, wie er ist, kann ich jetzt entscheiden, wo ich lang gehen will. Und ich kann jetzt Neues schaffen und damit jetzt bestimmen, was ist.

Wir können nur im Augenblick leben. Nicht vorher und nicht nachher. Wann ist der Augenblick? Jetzt, genau jetzt! Jetzt ist der einzigartige Moment, in dem wir sind. Jetzt ist der einzigartige Moment, in dem wir bewusst leben dürfen, wenn wir wollen.

Wie bin ich? Das Jetzt sagt es mir, wenn ich will. Bin ich zufrieden, wie ich gerade bin? Fühle ich mich glücklich? Bin ich freudig? Lebendig? Erfüllt? Falls nicht, ist jetzt der einzigartige Moment, das zu denken, das zu tun, das zu unternehmen, was mich glücklich, lebendig und freudig macht. Gerade jetzt kann ich mich ändern. Genau jetzt kann ich meinen weiteren Lebensweg wählen, genau jetzt darf ich entscheiden.

Jetzt ist auch das göttliche Bewusstsein bei mir, wenn ich will. Jetzt kann ich mit ihm sein, wenn ich will. Jetzt kann

ich seine Führung, seine Hilfe, seine unendliche Güte annehmen und erleben, wenn ich will. Jetzt kann ich all das
Positive, das Schöne, das Gute, das Aufbauende, das Wertvolle sehen und bestärken, das mir der jetzige Augenblick
schenkt, wenn ich will.

Was für ein einzigartiger Moment!

Anmerkungen

1)   Neale Donald Walsch: Gespräche mit Gott. Vollständige Gesamtausgabe. 2009 München (Goldmann Arkana).

2)   Michael Talbot: Das holographische Universum. Die Welt in neuer Dimension. Aus dem Amerikanischen von Siegfried Schmitz. München 1992. Vollständige Taschenbuchausgabe September 1994 (Knaur). S. 153ff.

3)   Dr. med. Eben Alexander: Blick in die Ewigkeit. Die faszinierende Nahtoderfahrung eines Neurochirurgen. München dreizehnte Auflage 2014 (Ansata).

4)   Alexander a.a.O. S. 177

5)   Der so genannte Engelsturz ist auch zentrales Motiv der christlich-abendländischen Kunst.

6)   David Icke: Der Löwe erwacht. Jetzt wird die Menschheit endlich frei. 1. Aufl. 2011 (Mosquito-Verlag). S. 44.

7)   Rhonda Byrne: The Secret – Das Geheimnis. Deutsche Erstausgabe 2007 (Goldmann Arkana).

8)   Talbot a.a.O. S. 154ff.

9)   Gelesen in der Tageszeitung: Mainecho vom 13. Juli 2011, S. 23.

10) Eine Hilfe, um zu lernen, sich selbst zuzuhören und gezielt die Sprache zur Schaffung von Realität zu nutzen, bietet das Büchlein von Anya Stössel: Sprachmagie. Die Macht der Worte. Vierte Auflage: Oktober 2011.

11) Rhonda Byrne: The Magic. Deutsche Erstausgabe 2012 (Knaur).

12) Robert Betz: Willst du normal sein oder glücklich? Aufbruch in ein neues Leben und Lieben. Originalausgabe. 17. Auflage, S. 127 (Heyne).

13) Ruediger Dahlke: Das Schattenprinzip. Die Aussöhnung mit unserer verborgenen Seite. 2.Aufl. 2010 (Goldmann Arkana).

14) Ruediger Dahlke: Krankheit als Sprache der Seele. Be-Deutung und Chance der Krankheitsbilder. München1992 (Bertelsmann).

15) Ruediger Dahlke: Die Schicksalsgesetze. Spielregeln fürs Leben. Resonanz Polarität Bewusstsein. 3.Aufl. 2009 (Goldmann Arkana).

16) Der sprachlichen Einfachheit halber spreche ich im Text nur von dem Freund. Der Freund, der hier gemeint ist, ist aber sowohl weiblich wie männlich!

17) Eckehart Tolle: Eine neue Erde. Bewusstseinssprung anstelle von Selbstzerstörung. 10. Aufl. 2005. (Arkana Goldmann).

18)   Robert Betz: Raus aus den alten Schuhen. Dem Leben eine neue Richtung geben. Zehnte Auflage 2012. (Integral Verlag). (S. 74).

Besuchen Sie auch die Website
von Rolf Börlin:

www.fit-ja.de

Zeitfracht Medien GmbH
Ferdinand-Jühlke-Straße 7
99095 Erfurt, Deutschland
produktsicherheit@kolibri360.de